J. MICHELET

NOTRE FRANCE

SA GÉOGRAPHIE

SON HISTOIRE

« La géographie historique est un voyage
dans l'esprit et dans le temps. »
J. MICHELET.

PARIS
C. MARPON ET E. FLAMMARION
ÉDITEURS
26, RUE RACINE, PRÈS L'ODÉON

NOTRE FRANCE

PARIS. — IMP. C. MARPON ET E. FLAMMARION, RUE RACINE, 26.

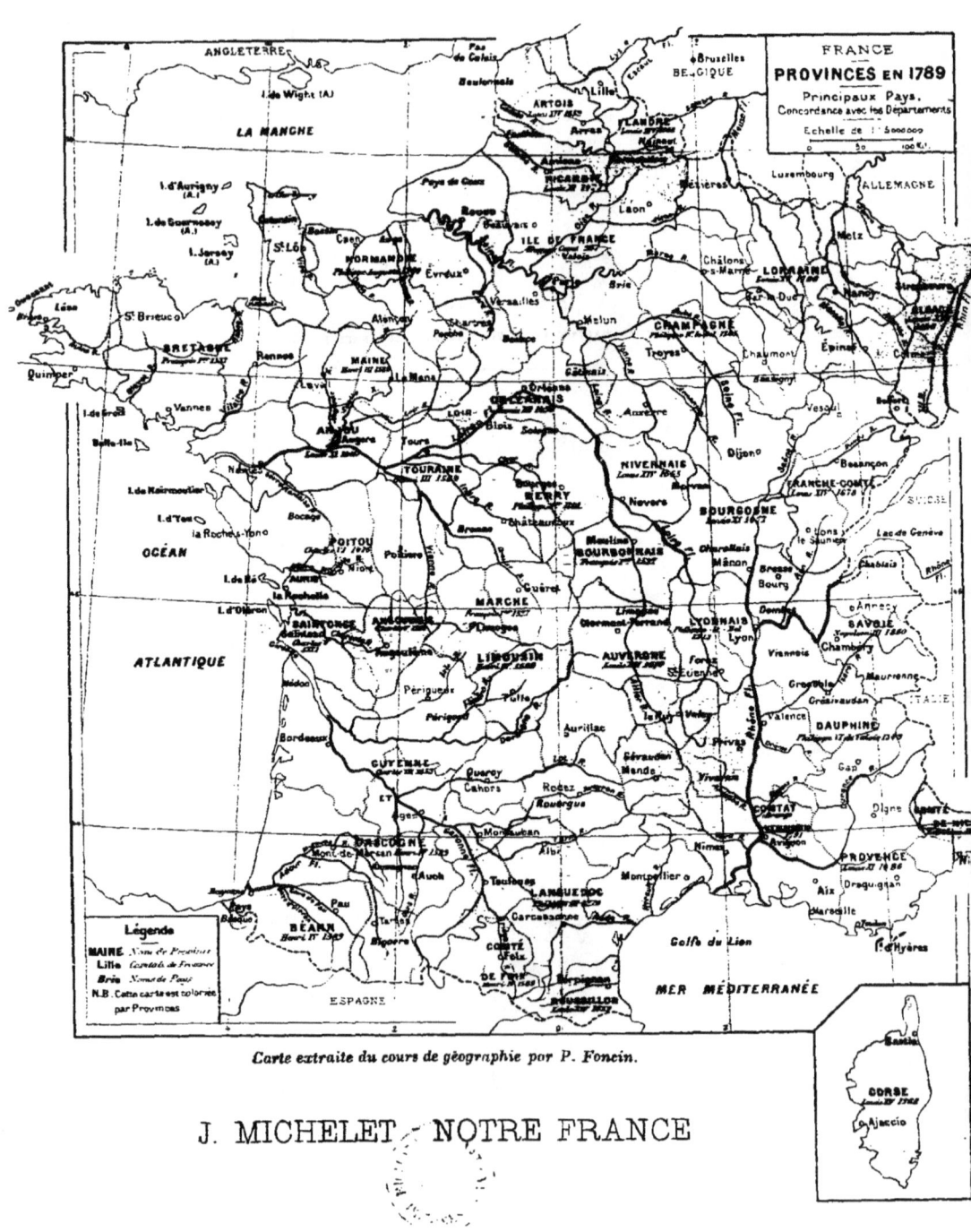

Carte extraite du cours de géographie par P. Foncin.

J. MICHELET — NOTRE FRANCE

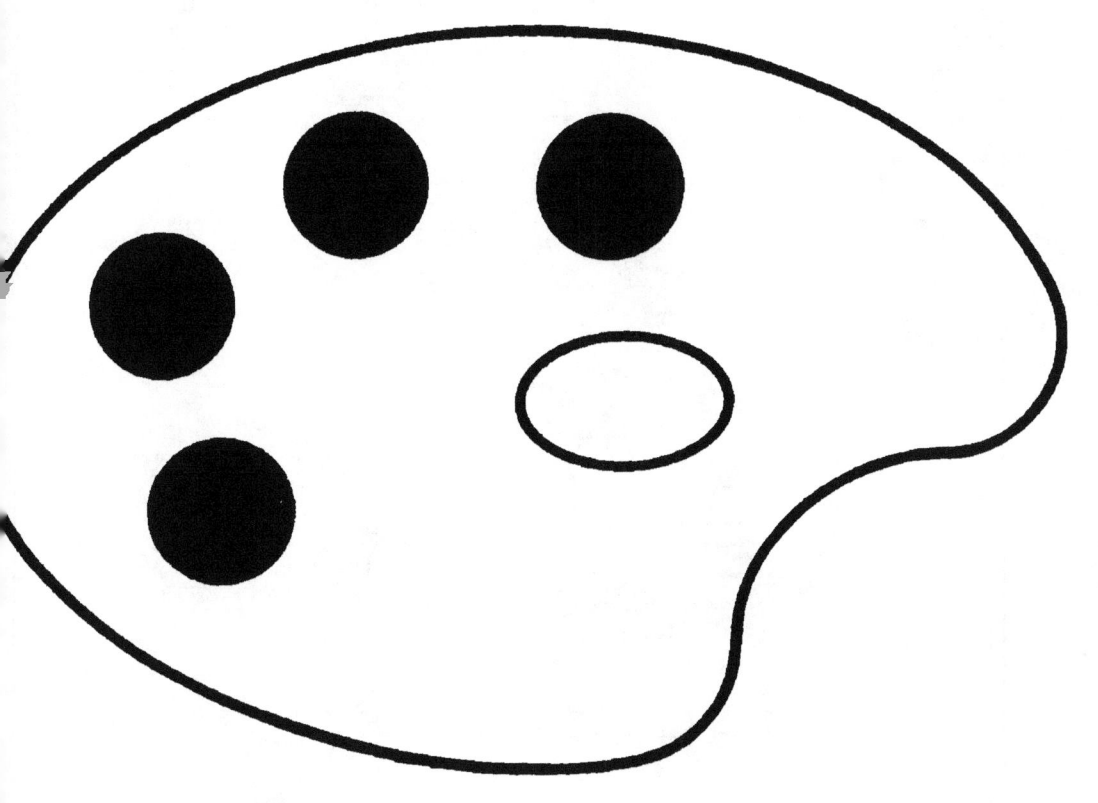

Original en couleur
NF Z 43-120-8

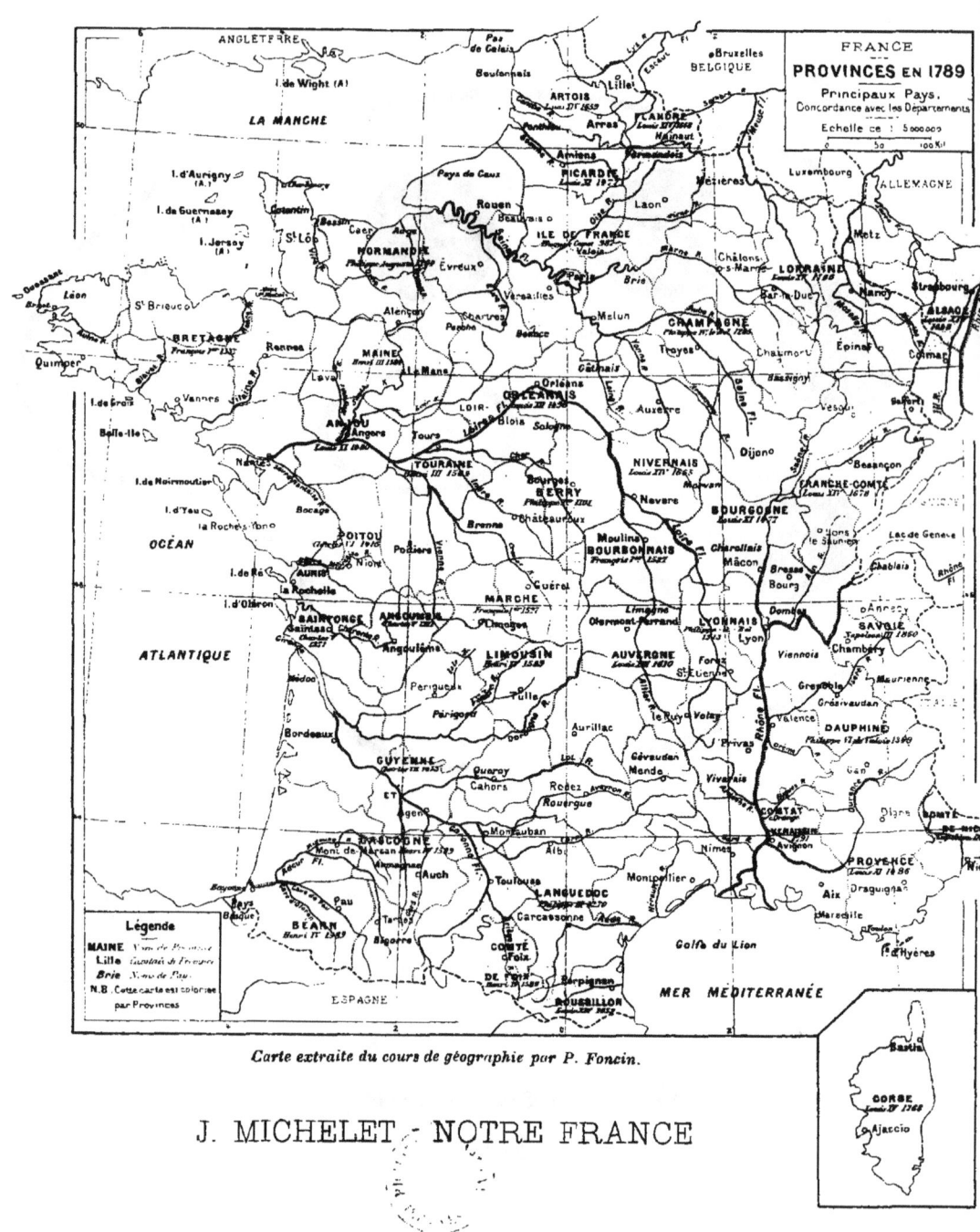

Carte extraite du cours de géographie par P. Foncin.

J. MICHELET - NOTRE FRANCE

J. MICHELET

NOTRE FRANCE

SA GÉOGRAPHIE

SON HISTOIRE

« La géographie historique est un voyage dans l'espace et dans le temps. »
J. MICHELET.

PARIS
C. MARPON ET E. FLAMMARION
ÉDITEURS
26, RUE RACINE, PRÈS L'ODÉON

1886
Tous droits réservés.

PRÉFACE

J'étais absorbée dans la composition du second volume des *Souvenirs* de M. Michelet, quand mon attention fut tirée d'un autre côté par la venue, presque simultanée, d'une demi-douzaine de lettres de professeurs et d'instituteurs qui me faisaient, en termes à peu près identiques, cette même question :

« Pourquoi ne complétez-vous pas les *Précis de l'Histoire de France* par la *Géographie* que Michelet a mise en tête de sa *France du moyen âge?* La description d'un pays étant, en un sens, la clef de son histoire, il nous semble que c'est par là que vous auriez dû, logiquement, commencer. »

Ces observations me venaient mal à propos; mais enfin elles étaient justes; il fallait bien en tenir compte.

Au même moment, comme s'il y avait entente entre les universitaires, le directeur de l'enseignement supérieur, M. Dumont, en me remerciant d'un exemplaire que je lui avais offert, m'écrivait ceci :

« C'est cette intensité de flamme pour les choses de l'intelligence et du cœur qu'il faudrait donner à nos enfants. Sans cela, nous n'aurons rien fait, malgré les sacrifices de l'État et tant de bon vouloir de tous les côtés. Nous vous sommes donc très reconnaissants de tout ce que vous faites de si *effectif*, de si *réel* pour le progrès de l'instruction et de l'éducation. A vrai dire, éducation et instruction sont une même chose en notre pays... »

Cette lettre, qui sanctionnait la valeur pédagogique de mes travaux m'invitait, plus loin, à les continuer. Venant d'un homme de si grande valeur, — hélas! depuis nous l'avons perdu, — cette invitation était presque un ordre.

Je me décidai donc à différer la publication du volume des *Souvenirs* pour faire droit aux légitimes réclamations de ceux qui m'écrivaient encore : « Travaillez pour nous qui avons si grand besoin de nous retremper, de recevoir l'aliment moral que nous donnons, à notre tour, à la jeunesse. »

A vrai dire, ma besogne eût été facile si je m'étais bornée à la réimpression pure et simple du *Tableau de la France*. Mais j'avais pour l'étendre et le compléter des matériaux laissés par M. Michelet dans ses cartons : il eût été grand dommage de ne pas les utiliser.

Parmi ces notes, il en est une qui devait me servir de guide dans mon travail, parce qu'elle expose, à merveille, la méthode que M. Michelet eût suivie lui-même pour développer sa première esquisse trop rapide et trop brève :

« Je voyais, dit-il, si vivement les lieux et les hommes que je mettais en scène, que j'ai fait cela sans tâtonnements, tout d'un trait, sans reprendre haleine, juste le temps nécessaire pour l'écrire. C'est, en réalité, un voyage immense, à tire d'aile, dans l'espace et dans le temps... Je savais bien que cette vive silhouette géographique était insuffisante pour celui qui ignore, mais l'essentiel serait obtenu si le lecteur, dès la première page, prenait intérêt à me suivre dans le long pèlerinage que j'allais accomplir à travers les siècles de l'histoire. Chemin faisant, celle-ci, reprenant ma description trop sommaire, en élargirait les horizons et ferait circuler dans les paysages trop concentrés plus d'air et de lumière... »

L'*Histoire générale* a repris, en effet, chaque province à l'heure ou, « sortant de l'indistinction confuse », elle entre en scène et devient un des acteurs du drame ou de l'épopée nationale.

Ce qui seulement échappait aux prévisions de l'historien, c'est que tout le monde ne lit pas sa grande *Histoire*, — les élèves de nos lycées, par exemple, même ceux des classes avancées, — ce qui est regrettable. Les professeurs s'en servent quand on la leur donne; mais souvent, pressés par l'heure, ils n'ont pas toujours le temps de rechercher dans des milliers de pages ce qui peut intéresser l'objet de leur enseignement. Lorsque surtout ce ne sont que des lignes ou des lambeaux de phrases jetés au courant du récit, une lecture rapide peut facilement s'en distraire. Et pourtant ces lignes, ces phrases, reprises et mises à leur vraie place, dans le *Tableau de la France,* en augmentent singulièrement la valeur pratique.

J'avais encore une précieuse ressource dont M. Michelet ne parle pas : son *Journal de voyage.* Quand notre historien publia sa *Géographie* (1833), il n'avait vu de la France qu'une partie des Ardennes — le pays de sa mère — et la Bretagne. Ce fut seulement en 1835 que M. Michelet, chargé par l'État de rechercher dans les archives laïques et ecclésiastiques de la province tout ce qui pouvait accroître les richesses de nos Archives nationales, entreprit, en compagnie de son élève et ami, M. Victor Duruy, sa grande tournée dans le sud-ouest, le midi et le centre de la France.

Ce voyage se fit à petites journées, le plus souvent par la bonne diligence qui vous menait de ville en ville en musant beaucoup sur la route. Il semblait alors que voyageurs et postillons eussent du temps à perdre. Cette lenteur, comparée à la rapidité vertigineuse de nos chemins de fer, était presque une halte dans le mouvement. Elle laissait tout loisir d'étudier la contrée, d'observer les hommes et les choses. Que faire encore dans les longues montées, les longs relais, sinon esquisser le paysage?...

Il y avait dans le *Tableau de la France*, tel que nous l'a donné Michelet, beaucoup moins de géographie que d'histoire. Grâce à l'appoint de son *Journal de voyage*, riche en descriptions, l'équilibre se rétablit. Je préviens néanmoins le lecteur qu'il ne trouvera pas là ce que donnent les manuels, je veux dire la sèche énumération des montagnes, des fleuves, des rivières, etc. Cette nomenclature aride, qui ne dit rien à l'imagination de la physionomie spéciale d'un pays, n'eût point été à sa place dans une géographie historique.

Ce que contient le livre que je suis à la veille de publier, c'est *Notre France*, non dans son unité actuelle qui a effacé toute trace des divisions et subdivisions de la vieille France féodale, mais s'exprimant, au contraire, par la forte personnalité de chaque province séparée encore du centre monarchique et vivant de sa vie indépendante.

Ces individualités provinciales ont été mises en relief par M. Michelet avec une telle vigueur, qu'on les voit, au bout de tant de siècles, vivre, agir, s'agiter, combattre, tourbillonner dans la mêlée des intérêts et des passions qui les armèrent les unes contre les autres sans grâce ni merci. Parfois, une page qui ne dépasse pas la mesure de l'in-12 contient dans ce cadre étroit toute la

France d'une époque : les hommes, l'action, le paysage.

Si vous voulez un exemple du merveilleux secours que la géographie — venant même de profil — peut prêter à l'histoire, lisez comment se fit la rencontre du Midi et du Nord au commencement du quinzième siècle. Un seul coup de pinceau suffit à l'historien-géographe pour faire le portrait des provinces d'où partent les combattants; un mot suffira également au moraliste pour marquer l'influence que chaque milieu a dû exercer sur le caractère des races.

Ce sont les Béarnais et les Armagnacs — deux types de Gascons qu'il ne faut pas confondre — qui se mettent en marche pour aller reprendre, disent-ils, le Nord sur les Anglais, mais, en réalité, pour le piller à leur tour.

« Or, nous dit Michelet, ces gens du Midi faisaient horreur à ceux du Nord. » Et, pour nous livrer le secret de cette aversion, tout de suite il met les deux partis aux prises. Ce n'est d'abord qu'une mêlée confuse :

« La campagne, à la voir de loin, était toute noire de ces bandes fourmillantes : gueux ou soldats, on n'eût pu le dire ; qui à pied, qui à cheval, à âne ; bêtes et gens maigres et avides à faire frémir, comme les sept vaches dévorantes du songe de Pharaon. »

La lumière se fait pourtant dans cette cohue tumultueuse ; les Méridionaux sont les premiers qu'elle frappe. Nous allons donc voir ces barbares, « ces brigands », les Armagnacs : (1)

« Quoique le caractère ait peu changé, nous ne devons pas nous les figurer comme nous les voyons et les comprenons aujourd'hui. Tout autres ils apparurent à nos gens du quinzième siècle, lorsque les oppositions provinciales étaient si rudement contrastées et encore exagérées par l'ignorance mutuelle : la brutalité provençale, capricieuse et violente *comme son climat;* l'âpreté gasconne du *rude pays* d'Armagnac, sans pitié, sans cœur,

---

(1) Voir pour plus de détails, p. 106.

faisant le mal pour en rire ; les *durs et intraitables montagnards* du Rouergue et des Cévennes, les *sauvages* Bretons aux cheveux pendants — *race de silex et de caillou*, — tout cela dans la saleté primitive, baragouinant, maugréant dans vingt langues que ceux du Nord croyaient espagnoles ou mauresques. Cette diversité de langues était une terrible barrière entre les hommes, une des causes pour lesquelles ils se haïssaient sans savoir pourquoi. Elle rendait la guerre plus cruelle qu'on ne peut se le figurer. Nul moyen de s'entendre, de se rapprocher. Le vaincu qui ne peut parler se trouve sans resource ; le prisonnier, sans moyen d'adoucir son maître. L'homme à terre voudrait en vain s'adresser à celui qui va l'égorger. L'un dit : Grâce !... L'autre répond : Mort ! »

Suivez maintenant une méthode toute contraire à celle-ci ; séparez ces deux sœurs qui se tiennent par la main ; enseignez la géographie d'un côté, l'histoire de l'autre, et, ce tableau, d'une réalité saisissante, n'existe plus. En outre, privé des moyens de faire saisir sur le vif et d'une façon rapide la relation qui existe presque toujours entre la nature des lieux et la physionomie d'un peuple, vous n'avez plus qu'une faible prise sur celui qui vous lit ou vous écoute. S'il s'agit d'une leçon, elle est à moitié perdue.

On m'a raconté qu'un écolier auquel on n'avait donné à apprendre que la géographie physique, récitant un jour imperturbablement sa nomenclature de fleuves ou de montagnes, fut interrompu par cette apostrophe de l'examinateur impatienté de sa trop longue litanie : « Et le sol, la terre, que vous ont-ils dit ? — La terre, le sol, répond l'élève tout surpris ; mais ils ne m'ont rien dit du tout. » Si, plus rationnellement, on eût mêlé l'histoire à la géographie, l'écolier, ayant senti le sol national vibrer, à chaque pas, d'un vivant souvenir, ne se fût point mépris sur le sens de la question que lui faisait le maître.

Une bonne Géographie historique est donc à la fois un livre d'*instruction* et de *patriotisme*. Rien de meilleur pour rattacher les Français à la France, cette France à laquelle, ingrats que nous sommes, nous tournons invariablement le dos quand reviennent les beaux jours. Semblables aux moutons de Panurge, nous passons par troupeaux la frontière, nous allons chez nos voisins en quête de paysages bien souvent inférieurs en beauté à ceux que nous offre la France. Où trouver, dites-moi, un air plus pur que celui de nos montagnes? Hautes-Alpes, Cévennes, Jura, Vosges, Auvergne, Pyrénées, nous n'avons que l'embarras du choix. Ces hautes solitudes, la plupart encore inexplorées, nous réservent un champ immense d'excursions et de découvertes.

Toute autre nation serait fière de réunir sur son territoire ce que les autres pays ne peuvent offrir que séparément : variété de sites, de climats, tous les genres de beauté qui sont dans la nature. Mais, hélas! c'est une maladie de la France de se déprécier, d'aller chercher ailleurs ce qu'elle a chez elle. Nous courons au Mont-Blanc, à la Via Mala... Qui de nous connaît, dans les Cévennes, les Étroits du Tarn, dans le Dauphiné, les Grands Goulets du Vercors? Qui a seulement entrevu, dans les Hautes-Alpes, les fantastiques visions des glaciers du Pelvoux?...

Mais nous sommes loin de la saison des voyages :

> Le temps garde encor son manteau
> De vent, de froidure et de pluie (1).

L'hiver nous enveloppe de ses tristesses; aux jours courts et brumeux succèdent les longues veillées. Ce qu'il faut pour tromper l'immobilité de la réclusion, ce sont des livres qui remettent l'imagination en mouvement et fassent voyager notre esprit, des livres que la famille, réunie autour de la table de travail, puisse lire ensemble à haute voix.

Notre France, par sa forme narrative et

(1) Charles d'Orléans.

descriptive, attrayante dans le détail et dans l'ensemble, pourra être mise au nombre des livres récréatifs qui instruisent le lecteur en l'amusant. Personne ne se plaindra, j'en suis sûre, de trouver dans celui-ci des paysages vrais, de l'histoire réelle, des héros qui ont vécu, dont les noms sont bons à retenir, car ce sont nos saints, les saints de la patrie!

Maintenant, est-il nécessaire que je dise pourquoi je n'ai pas conservé le titre que M. Michelet avait donné à sa *Géographie ?* Lui-même, parlant de ce beau travail, s'exprime ainsi : « Des éléments épars de la France, pieusement recueillis sur la route des siècles, je lui ai refait un corps et une âme toute française. » Ainsi ce n'est pas seulement le *Tableau de la France* qu'il entendait faire, c'était aussi la vie de la nation qu'il voulait *ressusciter.* Ce vœu qu'il avait fait dans sa jeunesse : « Je voudrais que dans tout ouvrage d'éducation circulât une chaude idée de la patrie »; ce vœu, il l'accomplissait lui-même. Mais ce n'est pas seulement l'*idée* de la patrie qui circule dans ces pages ; c'est le souffle, c'est l'âme, l'âme immortelle de la France ; elle rayonne, réchauffe, vivifie tout.

Il fallait donc trouver un titre mieux approprié, plus personnel, plus *chaud* surtout. Celui-ci s'est offert tout naturellement : *Notre France*. Il n'est pas de cœur vraiment français qui ne me remercie de l'avoir préféré.

Mme J. MICHELET.

Février 1886.

LA VIEILLE FRANCE

Sa lutte au moyen âge pour conquérir son unité géographique et morale (1).

On ne doit donner la géographie d'un pays qu'au moment où ce pays se caractérise. Dans le premier âge il n'y a pas de France, il y a la Gaule, sur laquelle les races viennent se déposer l'une sur l'autre : Galls, Kymris, Bol; d'autre part Ibères; d'autres encore, Grecs, Romains,

---

(1) Avant de donner séparément la géographie et l'histoire de chaque province, il nous a semblé utile d'indiquer rapidement au lecteur comment s'est faite leur agrégation, et comment la France, de ces éléments épars, en est venue à se constituer *France*: « Car, nous dit l'historien, tout autre chose eût pu résulter de ce mélange. Dans les autres pays il y a des nations, dans le nôtre, il y a une unité très spéciale, la France est une *personne.* » Cet important chapitre préliminaire a été écrit avec des fragments de l'histoire, coordonnés de manière à en faire une synthèse. (M⁻ᵉ J. M.)

par-dessus les Celtes; enfin les Germains, les derniers venus du monde.

Au Midi ont apparu les Ibères de Ligurie et des Pyrénées, avec la dureté et la ruse de l'esprit montagnard, puis les colonies phéniciennes; longtemps après viendront les Sarrasins.

Au Nord, les Kymry, ancêtres de nos Bretons, les Bols; l'ouragan traverse la Gaule, l'Allemagne, la Grèce, l'Asie-Mineure; les Galls suivent, la Gaule déborde par le monde.

Au second âge, la fusion des races commence et la société cherche à s'asseoir. La France naissante, — par le travail intérieur qu'elle a toujours fait sur elle-même, — voudrait déjà devenir un monde social; mais l'organisation d'un tel monde suppose la fixité et l'ordre. Or, il ne peut y avoir ni fixité, ni ordre, ni propriété, tant que les immigrations des races nouvelles poussent devant elles ou entraînent dans leur tourbillon les populations qui commençaient à devenir stables.

Ce n'est qu'à la chute de la dynastie carlovingienne que cesse ce grand mouvement des peuples, et c'est vers le milieu du dixième siècle que les diverses parties de la France, jusque-là confondues dans une obscure et vague unité, se caractérisent chacune par une dynastie féodale.

A l'avènement des Capets (987), les populations si longtemps flottantes se sont enfin fixées et assises ; nous savons où les prendre, et en même temps qu'elles existent et agissent à part, elles prennent peu à peu une voix ; chacune a son histoire, chacune se raconte elle-même.

L'histoire de France commence un peu plus tôt, au moment où apparaît la langue française. La langue est le signe principal d'une nationalité. Le premier monument de la nôtre est le serment de fidélité dicté au bord du Rhin, — sur la limite des deux peuples, — par Charles le Chauve, à son frère, au traité de Verdun (843).

Avant de poursuivre, énumérons rapidement la succession des pouvoirs en France. Sous la première race de nos rois le pouvoir appartient à l'église, seule, elle règne sur le pays. Saint Martin, de Tours, est l'oracle des barbares, ce que Delphes était pour la Grèce, — l'*ombilicus terram.*

Ce fut le clergé des Gaules qui appela les Francs contre les Goths, haïs pour avoir rapporté de l'Orient l'arianisme grec. Ces Francs, un mélange de toutes les tribus allemandes, n'ayant dès lors aucune originalité de race, étaient établis depuis un siècle dans les marais de la Batavie et dans la Belgique. L'Église fit leur fortune. Jamais leurs faibles bandes n'auraient détruit les Goths, humilié les Bourguignons, repoussé les Allemands, s'ils n'eussent trouvé dans le clergé un ardent auxiliaire qui guida, éclaira leur marche, leur gagna d'avance les populations.

On sait les victoires de Clovis, le chef qui commandait à ces barbares, et sa conversion au culte de la Gaule romaine.

Sous la seconde race, l'Église reste dominante, mais Reims hérite de Tours et devient la puissance épiscopale par excellence. Elle étendait sa juridiction en Austrasie, Neustrie, Bourgogne, au pays de Marseille, Rouergue, Gévaudan, Touraine, Poitou, Limousin, c'est-à-dire sur la plus grande partie de la France.

Sur le reste du territoire, les villes n'étaient rien, à moins qu'elles ne fussent cités épiscopales. Les abbayes étaient des centres d'attraction, autour d'elles s'étendaient des villes ou des bourgades. Les plus riches étaient Saint-Médard, de Soissons; Saint-Denis, fondation de Dagobert, berceau de la monarchie et tombe de nos rois.

Charlemagne, fils, petit-fils, neveu des évêques, et des saints, étendit encore les privilèges de l'Église; ses descendants y ajoutèrent à leur

J. MICHELET — NOTRE FRANCE

Carte extraite de l'Atlas de l'histoire générale de l'Europe par la Géographie politique par E. A. Freeman.

tour, en sorte que sous Charles le Chauve, l'archevêque de Reims, Hincmar, se trouvait être le vrai roi, le vrai pape de France. Charles n'avait pu devenir roi qu'appuyé des évêques. Ils nourrissaient, soutenaient les souverains qu'ils avaient faits, ils leur permettaient de lever des soldats parmi leurs hommes, en un mot, ils gouvernaient les choses de la guerre comme celles de la paix. Évêques, magistrats, grands propriétaires, ils commandaient à ce triple titre.

Il pourrait sembler à un observateur superficiel que sous ce double règne laïque et ecclésiastique, il y a déjà une France. Non. L'unité qui semble avoir été obtenue est toute extérieure. Elle cache un désordre profond, la discorde obstinée d'éléments hétérogènes qui se trouvent réunis par une force tyranique et qui ne tendent qu'à la dispersion. Diversité de races, de langues et d'esprit, ignorance mutuelle, antipathies instinctives. Aussi, avant même que le vieil Empereur ne meure, l'ouvrage de la conquête se défait. Déjà, au dehors, l'Empire a faibli, il a heurté en vain contre le Bénévent, contre Venise. En Germanie, il a dû reculer de l'Oder à l'Elbe et partager avec les Slaves. Cette ceinture de barbares que Charlemagne croyait simple et qu'il rompit d'abord, dans un élan de force et de jeunesse, elle se doubla, se tripla, et

1.

quand les bras lui tombèrent de lassitude, il vit
roder autour de son empire d'autres ennemis,
les flottes danoises, grecques, sarrasines comme
le vautour sur le mourant qui promet un cadavre.....

Nous sommes en 941, l'Empereur est mort.
Maintenant, par tous les fleuves, et par tous les
rivages arrivent ces pirates du Nord, les Northmans, bien autrement sauvages que les Germains qui les ont précédés. Ils se sont faits *rois
de la mer* parce que la terre leur a manqué.
Loups furieux, ils abordaient seuls, sans famille.
Dès que leurs *dragons*, leurs *serpents* sillonnaient
les fleuves ; dès que le cor d'ivoire retentissait
sur les rives, personne ne regardait derrière
soi (1). Tous fuyaient à la ville, à l'abbaye voisine, chassant vite leurs troupeaux ; ils se blot-

(1) Le cor d'ivoire joue un grand rôle dans les légendes relatives
aux Normands, par exemple, dans la légende bretonne de Saint-Florent : « Le moine Guallon fut envoyé à Saint-Florent... Lorsqu'il fut entré dans le couvent, il chassa des cryptes les laies sauvages qui s'y étaient établies avec leurs petits... Ensuite, il alla
trouver Hastings, le chef normand, qui résidait encore à Nantes...
Lorsque le chef le vit venir à lui avec des présents, il se leva aussitôt
et quitta son siège, et appliqua ses lèvres sur ses lèvres ; car il professait, dit-on, tellement quellement le christianisme... Il donna au
moine un cor d'ivoire, appelé le Cor des Tonnerres, ajoutant que,
lorsque les siens débarqueraient pour le pillage, il sonnât de ce cor, et
qu'il ne craignît rien pour son avoir aussi loin que le son pourrait
être entendu des pirates. — D. Morice, *Preuves de l'histoire de
Bretagne,* page 119.

tissaient aux autels, sous les reliques des saints, mais les reliques n'arrêtaient pas les barbares. Ils semblaient, au contraire, acharnés à violer les sanctuaires les plus révérés.

Que faisaient cependant les souverains de la contrée, les abbés, les évêques ? Ils fuyaient, emportant les ossements des saints ; ils abandonnaient les peuples sans défense, sans asile (1).

Il fallut bien que l'Église impuissante à rallier la France, à l'aider à se défendre, résignât, au moins en partie, le pouvoir temporel à des mains plus mâles et plus guerrières.

Charles le Chauve, l'année même de sa mort, fait les seigneurs ses légitimes héritiers ; il signe l'hérédité des comtés dont la possession était disputée jusque-là. Il confirme le legs royal fait à ces comtes et barons, en mariant ses filles aux plus vaillants d'entre eux, à ceux de Bretagne et de Flandre. C'est la substitution du pouvoir féodal au pouvoir ecclésiastique.

Ces comtes et ces barons occuperont les défilés des montagnes, les passes des fleuves, ils dresseront leurs forts, ils s'y maintiendront à la

---

(1) Rendons toutefois hommage à la vaillance de deux prêtres, l'évêque Gozlin et l'abbé de Saint-Germain-des-Prés, qui se jetèrent dans Paris, le défendirent contre les barbares qui l'assiégeaient avec un furieux acharnement. La ville leur dut, en partie, de n'être point prise.

fois contre les barbares et contre le prince qui, de temps en temps, aura la tentation de ressaisir le pouvoir qu'il abandonne à regret.

Les peuples qui sentent la double impuissance de l'Église et de la vieille dynastie, se serrent autour de leurs défenseurs naturels, autour des seigneurs et comtes. Rien de plus populaire que la féodalité à sa naissance.

Le premier et le plus puissant de ces fondateurs de la féodalité laïque, est Boson, le beau-frère même de Charles le Chauve. Il prend le titre de roi de Provence ou Bourgogne Cisjurane, tandis que Rodolf Wolf prend la Bourgogne Transjurane dont il fait aussi un royaume. Voilà la barrière de la France au Sud-Est. A l'Est, le comte de Hainaut, Reinier (*renard*) disputera la Lorraine aux Allemands. Au Midi, au pied des Pyrénées, le duché de Gascogne est rétabli par les familles d'Hunald et de Guaifer, si maltraitées par les Carlovingiens et qui le leur rendirent à Roncevaux. Dans l'Aquitaine, s'élèvent les puissantes familles de Gothie (Narbonne, Roussillon, Barcelone), de Poitiers, de Toulouse.

Au Nord, la France prend pour défenseurs contre les Belges et les Allemands, les comtes de Flandre et de Vermandois. Mais, à ce moment, la grande lutte est à l'Ouest vers la Normandie et la Bretagne. De ce côté, c'est Allan Barbetorte qui délivrera le pays des Northmans.

Ainsi, la féodalité, à son principe, contient une harmonie forte et réelle. La variété infinie du monde féodal, la multiplicité d'objets par laquelle il fatigue d'abord la vue et l'attention, n'en est pas moins la révélation de la France. Loin qu'il y ait, comme on l'a dit, confusion et chaos, c'est un ordre, une régularité inévitable et fatale. Chose bizarre ! nos quatre-vingt-six départements répondent, à peu de chose près, aux quatre-vingt-six districts des capitulaires d'où sont sortis la plupart des souverainetés féodales, et la Révolution, qui venait donner le dernier coup à la féodalité, l'a imitée malgré elle.

Ces comtes et ces barons, en s'opposant aux immigrations de races nouvelles, permirent à la France de se fixer, de devenir un monde social. Sur toutes les frontières une foule de châteaux forts s'élèvent comme autant d'avant-postes ; partout les seigneurs arment leurs hommes.

Ainsi protégé, le pays prendra consistance et se caractérisera peu à peu. Les Northmans eux-mêmes y aideront. Rencontrant de tous côtés des obstacles, ils se découragent à la fin, et se résignent au repos. Ils renoncent au brigandage et demandent des terres. Ceux de la Loire repoussés de l'Angleterre et ne se souciant pas de mourir comme leur héros, Regnard Lodbrog, dans un tonneau de vipères, aiment mieux s'établir sur la belle Loire et la fermer aux invasions nouvelles, comme tout à l'heure Rodholf ou Rollon va fermer la Seine sur laquelle il s'établit du consentement du roi de France (911).

Cette date marque aussi le terme de la domination allemande et l'avènement de la nationalité française. Au dixième siècle, nous l'avons déjà dit, le vent emporte le vain brouillard dont l'empire avait tout obscurci, le pays se dessine pour la première fois dans sa forme géographique, par ses montagnes, ses rivières, ses diversités locales. A cette première heure, la nature s'essaye, et sur l'empire en dissolution, trace à grands traits les royaumes. Il y en aura quatre : ceux de Seine-et-Loire, de la Meuse, de la Saône et du Rhône.

Mais que nous sommes loin encore, de la forte unité qui fera de la France une personne. Les grandes divisions, bientôt se subdivisent à l'infini et deviennent autant de dynasties féodales. Chaque point de l'espace semble ne retrouver quelque sécurité intérieure que par la formation de ces puissances locales qui sont la destruction de son unité.

Si l'idée d'un **rapprochement**, — nous l'avons vu poindre dès le second âge de la France, — peut être reprise, ce ne sera pas par les hommes de la frontière. Ceux-ci, tout occupés de la défense du pays, aiment mieux leur indépendance. Il faudra donc que le chef autour duquel se ralliera la nation, sorte des provinces du centre. Le centre du monde Mérovingien, a été l'Église de Tours. Celui des Carlovingiens est aussi la Loire, mais plus à l'Occident sur la marche de Bretagne.

Dans l'Anjou et la Touraine, deux familles, précisément s'élèvent, tige des *Capets* et des *Plantagenets*, des rois de France et des rois d'Angleterre. Toutes deux sortent de chefs obscurs. Les Capets semblent avoir été des chefs saxons au service de Charles le Chauve. Bientôt ils s'illustrent par leur lutte héroïque contre les Normands : Robert le Fort, entre la Seine et la Loire ; son fils Eudes, au siège de Paris ; ils forcent les pirates à désarmer. Eudes est élu roi ou plutôt chef, par la nation qui dédaigne d'obéir plus longtemps à la branche allemande de la dynastie Carlovingienne, que représente Charles le Gros. Elle veut un Français pour gouverner la France.

D'Eudes en Hugues le Grand, d'Hugues le Grand en Hugues Capet, nous arrivons à l'avènement de la troisième race, c'est-à-dire à la substitution d'une royauté nationale au gouvernement de la conquête. La royauté n'était plus qu'un nom, qu'un souvenir bien près d'être éteint. Transférée aux Capets, ce fut une espérance.

Et pourtant, il était perdu, ce pauvre petit roi, entre les vastes dominations de ses vassaux, seigneurs puissants par la vaillance, l'énergie, la richesse. Qu'était-ce qu'un Philippe Ier ou même le brave Louis VI, le gros homme pâle, entre les *rouges*, Guillaume d'Angleterre et de Normandie, les Robert de Flandre, conquérants et pirates, les opulents Raymond de Toulouse, les Guillaume de Poitiers et les Foulques d'Anjou, troubadours et historiens, enfin, les Godefroi de Lorraine, intrépides antagonistes des empereurs, sanctifiés devant la chrétienté par la vie et la mort de Godefroi de Bouillon ?

La toute petite royauté contenue entre l'Ile-de-France et l'Orléanais n'eût pas tenu tête à ses nombreux rivaux, sans la jalousie de la Flandre et de l'Anjou contre la puissante féodalité Normande. Le roi s'efforçait, avec les comtes de Blois et de Champagne, de mettre un peu de sécurité entre la Loire, la Seine et la Marne, petit cercle resserré entre les grandes masses féodales. La Flandre s'avançait jusqu'à la Somme.

Le cercle compris entre ces grands fiefs fut la première arène de la royauté, le théâtre de son histoire héroïque. Nos champs prosaïques de Brie et de Hurepoix ont eu leurs iliades. Les Montfort, les Gárlande soutenaient souvent le roi ; les Coucy, les seigneurs de Rochefort, du Puiset surtout, étaient contre lui ; tous les environs étaient infestés de leurs brigandages. On pouvait aller encore avec quelque sûreté de Paris à Saint-Denis ; mais au delà, on ne chevauchait plus que la lance sur la cuisse ; c'était la sombre et malencontreuse forêt de Montmorency.

De l'autre côté, la terre de Montlhéry exigeait un péage. Le roi ne pouvait voyager qu'avec une armée de sa ville d'Orléans à sa ville de Paris. La noblesse commençait à devenir un danger pour la France.

On put croire un moment que la croisade lointaine d'Orient serait le salut. Elle mobilisait la lourde féodalité, la déracinait de la terre. Les barons allaient et venaient sur les grandes routes entre la France et Jérusalem. Ils vendaient parfois leurs terres avant de partir. C'était faire la fortune du roi et celle du royaume plus grande, chaque jour, par ces abandons. Beaucoup ne revenaient pas. L'extinction des mâles fut rapide dans ces guerres ; tout fief sans héritier revenait à la couronne comme à sa source.

La mort frappait aussi plus près. Le plus riche souverain du pays, le comte de Poitiers et d'Aquitaine la sentant venir, ne crut pouvoir mieux placer sa fille Éléonore et ses États qu'en les donnant au fils de Louis VI qui allait succéder à son père. Les États du roi de France se trouvaient triplés par ce mariage.

La seconde croisade changea tout ; elle déplaça la prépondérance de l'Occident qui appartint désormais à l'Angleterre. Louis VII était parti pour la Terre Sainte avec l'empereur d'Allemagne. Son retour fut honteux. La fière et violente Éléonore, qui l'avait suivi, en prit prétexte pour demander le divorce au concile de Beaugency et porter aux Anglais les vastes provinces qui étaient son douaire. Henri Plantagenet, duc d'Anjou, et bientôt roi d'Angleterre, en épousant Éléonore, épousait avec elle la France de l'ouest, — de la Flandre aux Pyrénées. — Ce ne fut pas tout, il prit à son frère l'Anjou, le Maine, la Touraine et le laissa, en dédommagement, se faire duc de Bretagne. Étendant encore ses conquêtes, il enleva le Quercy au comte de Toulouse; il aurait pris Toulouse elle-même, si le roi de France ne s'était jeté dans la ville pour la défendre.

Au centre, il réduisit le Berry, le Limousin, l'Auvergne; il acheta la Marche du comte qui, partant pour Jérusalem, ne savait que faire de sa terre. Il eut même le secret de détacher les comtes de Champagne de l'alliance du roi.

Prenant ainsi de tous côtés, à sa mort, il possédait les pays qui répondent à nos quarante-sept départements, tandis que le roi de France n'en avait plus que vingt. Chose plus grave, le Midi se trouvant brusquement isolé du Nord, on put croire que l'unité du royaume était rompue à jamais.

———

Dans cet abaissement de la royauté, les grands vassaux apparaissent plus puissants. La féodalité est encore respectée, aimée de ceux mêmes sur qui elle pèse, parce qu'elle est encore profondément *naturelle*. La famille seigneuriale née de la terre, vivait d'une même vie, elle était pour ainsi dire le *genuis loci*. C'était elle, le plus souvent, qui avait fait en quelque sorte la terre, y bâtissant des murs, un asile contre les pirates du Nord, où l'agriculture pouvait se retirer avec ses troupeaux. Les champs avaient été défrichés, cultivés aussi loin qu'on pouvait voir la tour. La terre était fille de la seigneurie et le seigneur était fils de la terre ; il en savait la langue et les usages, il en connaissait les habitants, il était des leurs. Son fils, grandissant parmi eux, était l'enfant de la contrée. Le blason d'une telle famille devait être non seulement révéré, mais compris du moindre paysan.

Ce *champ* héraldique était visiblement le champ, la terre, le fief ; ces tours étaient celles que le premier ancêtre avait bâties contre les Normands ; ces besans, ces têtes de mores qu'on avait ajouté, étaient un souvenir de la fameuse croisade (la première), où le seigneur avait mené ses hommes et qui faisait à jamais l'entretien du pays.

Mais cette solidarité entre le seigneur et le paysan ne pouvait rien pour la centralisation de la France. C'était un gage de protection réciproque mais toute locale. Chaque donjon vivait encore isolé. Celui-ci perche avec l'aigle, l'autre se retranche derrière le torrent. Aucun lien ne rapproche cette agglomération de puissances féodales. La France reste démembrée, le secours doit lui venir d'ailleurs.

De même qu'au onzième siècle, il fallut que l'Europe se vît en face de l'Asie pour se croire *une* et la devenir ; de même, pour que l'unité se refasse en France, trois siècles plus tard, au moins dans les volontés, il faudra la guerre avec les Anglais, l'envahissement du territoire. Le danger commun forcera tous les Français à s'unir pour le salut du pays. Cette guerre, malgré ses calamités, nous rendit un immense service qu'on ne peut méconnaître. La France jusque-là était féodale avant d'être française. L'Angleterre, en la refoulant durement sur elle-même, la força de rentrer en soi. Elle dut à son ennemie de se connaître comme nation. Dès lors, elle se resserra, ramassa en elle ses forces pour faire front à l'étranger, le refouler à son tour.

C'est la France du quatorzième siècle qui se lève. Ses États généraux, ceux du Nord et du Midi, les États des trois ordres : Clergé, Noblesse et Bourgeoisie des villes, les *États de France*, en un mot, convoqués pour la première fois, par Philippe le Bel, sont l'ère nationale de la France, son acte de naissance politique (1302).

Nous sommes maintenant au milieu du siècle. La chevalerie française, disons-le à son honneur, vient se faire tuer sur les champs de bataille de Crécy et de Poitiers. Mais ce n'est plus la respectable féodalité que nous avons vue immobilisée sur son roc. Les croisades en déracinant la noblesse l'ont habituée, peu à peu, à vivre loin de ses châteaux, à séjourner à grands frais près du roi. Elle devient chaque jour plus avide. Il faut la payer pour combattre, pour défendre ses terres des ravages des Anglais. Sous Philippe de Valois, le chevalier se contentait de dix sous par jour. Sous le roi Jean, il en exige vingt et le seigneur banneret en veut quarante.

Ces seigneurs, ruinés dès 1320 par les mauvaises monnaies, pressurés eux-mêmes par l'usure, étaient déjà retombés sur le paysan, et celui-ci, n'avait pas été assez osé pour se tourner contre eux. Après Crécy et Poitiers, ce fut encore le paysan qui paya leur rançon. Après Azincourt, la noblesse tout entière prisonnière des Anglais et relâchée sur parole, vint sur ses terres ramasser vitement la somme monstrueuse qu'elle avait promise sans marchander sur le champ de bataille. Quand le paysan n'avait plus rien à donner, pour lui faire dire où il cachait son argent, on lui chauffait les pieds. On n'y plaignait ni le fer ni le feu.

Ruiné par son seigneur, le paysan n'était pas quitte. Ce fut le caractère atroce de ces guerres des Anglais. Pendant qu'ils rançonnaient le pays en gros, ils le pillaient en détail. Il se forma dans tout le royaume des compagnies dites d'Anglais et de Navarrais, qui se chargeaient d'en achever la ruine sous la conduite de chefs de bandes. Ces chefs n'étaient pas, comme on pourrait croire, des gens de rien, de petits compagnons, mais des nobles, souvent des seigneurs. Les chevaliers du quatorzième siècle avaient une autre mission que ceux des romans, c'était d'écraser le faible. Cette vie de trouble et d'aventures, après tant d'années d'obéissance sous les rois, faisait la joie des nobles. Froissart, leur historien, ne se lasse pas de conter ces belles histoires. Il s'intéresse à ces pillards, prend part à leurs bonnes fortunes : « Et toujours gagnaient pauvres brigands, etc. » L'effroi était tel que les paysans ne dormaient plus. Ceux de la Loire passaient la nuit dans les îles... En Picardie, les populations creusaient la terre et s'y réfugiaient.

Il n'y avait plus de pouvoir en France. Le roi Jean était aux mains des Anglais. Le peuple des villes avait vainement essayé de suppléer à l'absence de royauté. Alors se leva à son tour le peuple des campagnes qui, tant de siècles durant, avait langui au pied de la tour féodale. Ce que les villes n'avaient pu faire, les Jacques le firent; ils relevèrent la royauté expirante, ils aidèrent à rétablir l'unité. De cette suprême épreuve où le pays faillit périr, sort confuse encore, mais vivace et forte, l'idée même de la Patrie.

La *Jacquerie* commencée contre les nobles, les Jacques la continuent contre l'Anglais. Chez ce peuple simple et brute encore, demi-homme demi-taureau, la nationalité, l'esprit militaire naissent peu à peu. Sous la rude éducation de ces guerres, la brute va se faire homme et se transfigurer : Jacques deviendra Jeanne, Jeanne la vierge, la Pucelle.

Le mot vulgaire : *un bon Français*, date de l'époque des Jacques et de Marcel. La Pucelle ne tardera pas à dire : *Le cœur me saigne, quand je vois le sang d'un Français.*

Un tel mot suffirait pour marquer dans l'histoire le vrai commencement de la France.

———

Ce fut le salut du roi Charles VII et celui du royaume, de sentir qu'il n'y avait pour lui-même de sûrs que les petits, bourgeois ou laboureurs. Laissant de côté les petits rois des châteaux qui trouvaient leur intérêt dans la continuation de la guerre, il la confia désormais à des hommes de roture, des hommes de paix, des Jacques Cœur, des Jean Bureau. Ils feront une si rude guerre à la guerre, qu'elle sortira du royaume.

L'Angleterre qui nous l'avait jetée la reprit à son bord.

———

A la mort de Charles VII, la libération du territoire est un fait accompli. L'Angleterre a tout perdu en France, tout, excepté Calais.

Mais alors éclate, à l'intérieur, une autre guerre, celle des grands vassaux de la couronne contre le roi. Philippe de Valois, homme féodal, fils du féodal Charles de Valois, à la faveur des guerres anglaises, avait provoqué de funestes créations d'apanages et fondé au profit des diverses branches de la famille royale, une féodalité princière aussi embarrassante pour Charles VI et Louis XI, que la féodalité des comtes et barons l'avait été pour Philippe-le-Bel.

Ce sera désormais, la guerre de la France aînée, de la grande France homogène, contre la branche cadette mêlée d'Allemagne, rivale en puissance et l'ennemie. Cette guerre durera, tant qu'à côté du roi de France subsistera un autre roi, le duc de Bourgogne.

Par Auxerre et Péronne, il tient de près Paris. Au Nord, il est le dangereux gardien de notre faible barrière, la Somme. La France, de ce côté, reste ouverte à l'étranger.

Philippe le Bon est mort (1466), Charles le Téméraire règne et ne songe qu'à une chose, étendre encore son monstrueux empire. Au Midi, il lui faut la Provence ; au Nord la Gueldre pour envelopper Utrecht, atteindre la Frise. Il lui faut la Haute-Alsace, pour couvrir la Franche-Comté. Il lui faut Cologne comme entrepôt des Pays-Bas et comme grand péage du Rhin. Il lui faut la Lorraine pour passer du Luxembourg dans les Bourgognes. La Lorraine était le lien de toutes ces provinces, le centre naturel de l'empire bourguignon.

Les grands de France qui ont compris que les funérailles de Charles VII sont leurs funérailles, tournent tous au duc comme au chef naturel des princes et seigneurs. Qu'il dresse sa tente de velours rouge sous une forêt de la Comté, les ambassadeurs des princes, les princes eux-mêmes y viendront de l'Orient, de l'Occident.

Où est le roi de France, où est Louis XI ? A peine on pourrait le dire. Il ne réside guère dans son triste hôtel des Tournelles. A peine roi, il a pris l'habit de pèlerin, la cape de gros drap gris avec les housseaux de voyage, il ne les ôtera qu'à la mort. Apre chasseur, il va regagnant des places à la France. L'ambition démesurée, insatiable de son rival, à la longue, servira aussi sa fortune.

Au moment où Charles le Téméraire vient de prendre la Gueldre à son héritier légitime, un enfant de six ans, il apprend la mort du duc de Lorraine et trouve tout simple, dans sa brutale avidité, d'enlever le jeune René de Vaudemont, croyant prendre l'héritage avec l'héritier. Pour plus de garanties, il se fit donner en Lorraine, quatre places fortes aux frontières et de plus le libre passage, c'est-à-dire, la faculté d'occuper tout quand il voudrait. Il avait déjà, disait-on, désigné Nancy pour la capitale de son empire.

Mais là, le doigt de Dieu le toucha. Les Suisses qu'il s'apprêtait à combattre pour se frayer la route de l'Italie, ne l'attendirent pas, il reçut d'eux un solennel défi. Muet de fureur, il part en plein hiver pour les châtier, il trouve au pied des Alpes ses premières défaites : Granson ! Morat !..... Le terme fatal était venu pour lui. Il donna sa dernière bataille sous les murs de Nancy.

A la même heure, Angelo Cato, disait la messe devant le roi à Saint-Martin de Tours. En lui présentant la paix, il lui dit ces paroles : « Sire, Dieu vous donne la paix et le repos ; vous les avez si vous voulez : *consummatum est ;* votre ennemi est mort. »

C'était, en effet, pour la France le droit d'exister. Louis XI né avide, mais plus avide encore comme roi et royaume allait faire une âpre curée. La faim s'aiguisait des obstacles ; il souffrait de tous les fiefs qu'il n'avait pas encore. Il allait tous les recueillir, soit par rachat, soit par la mort de leurs possesseurs. Le duc de Bourgogne trépassé, il semblait que tous dussent le suivre. Et la mort, en effet, active, infatigable, frappait partout à son profit. D'abord ce fut le frère du roi. Cette mort lui rendait la Guyenne et presque toute l'Aquitaine qu'il lui avait données comme à son héritier, pour le détacher de l'ennemi. Maintenant, c'était la mort de son cousin Charles du Maine qu'il apprenait. A peine il entrait en jouissance du Maine, de la Provence, de ces beaux ports, de la mer d'Italie, qu'une nouvelle lui vient du Nord, inattendue, saisissante : la maison de Bourgogne est éteinte, tout comme celle d'Anjou ; la fille de Charles le Téméraire, Marie, est morte !... Voilà son duché réuni pour toujours à la couronne.

Ainsi, la proie, elle-même, venait au chasseur. Il avait déjà repris toutes les places du Nord : Péronne, Arras, Abbeville, Boulogne. Arras deux fois barrière, et contre Calais et contre la Flandre. Boulogne, ce vis-à-vis des dunes qui regarde l'Angleterre.

Restait à prendre la Bretagne, de tous les grands fiefs, le seul encore qui eût vie et gardât son indépendance. Une fois, le roi essaya de saisir le Breton en lui jetant au col son collier de saint Michel, comme on prend un cheval sauvage ; mais celui-ci n'y fut pas pris, il continuait de vivre dans son obstination insulaire.

Louis XI eut son continuateur dans sa très ferme et politique fille, Anne de Beaujeu. Plus heureuse que son père, elle eut raison des résistances de la Bretagne, prit son unique héritière et la maria à son frère Charles VIII.

Voilà donc la France désormais fermée et toute province garantie. L'orgueil sauvage et meurtrier de Bourgogne n'effraye plus le Nord. Les Nemours, les Armagnacs ne sont plus en position d'ouvrir la Gascogne à l'Espagne. L'Ile-de-France, en profonde paix, travaille, laboure derrière la Picardie ; et celle-ci est abritée par l'Artois. La Champagne, le Bourbonnais sont gardés par la Bourgogne. Le Languedoc garanti par les acquisitions nouvelles, redevient le grand et magnifique centre du Midi.

C'est là notre vieille France bien complète et bien gardée aussi par ses naturelles frontières, les montagnes et la mer.

LA FRANCE A VOL D'OISEAU

Revenant maintenant en arrière, nous allons essayer de marquer d'une manière précise le caractère original de tous les points où ont surgi les dynasties féodales. Chaque province obéit visiblement dans son développement historique à l'influence diverse de sol et de climat. La liberté morale est forte aux âges civilisés, la nature dans les temps barbares; alors les fatalités locales sont toutes puissantes, la simple géographie est une histoire.

Le vrai point de départ de la nôtre doit être une division politique de la France, formée d'après sa division physique et naturelle. Nous ne pouvons raconter l'époque féodale ou *provinciale* (ce dernier nom la désigne aussi bien), sans avoir caractérisé chacune des provinces. Une géographie toute physique les prendrait selon les bassins et les cours des fleuves, c'est-à-dire, pour les bassins principaux de la France en latitude : Seine, Loire, Garonne. Alors, on verrait la Seine couler de Bourgogne en Champagne, Ile-de-France et Normandie.

La Loire, partie du Forez, couler entre le Bourbonnais et la Bourgogne, entre le Berry et le Nivernais et, par l'Orléanais, la Touraine, l'Anjou, la Bretagne, arriver à la mer, etc. Cette méthode semble celle des analogues. On suppose que les populations ont coulé avec les fleuves. Mais cela n'est pas exact au moyen âge, où les fleuves n'ont pas été des routes. Sans parler des difficultés physiques, les innombrables péages arrêtaient à chaque pas.

Et d'ailleurs, combien, sur un même fleuve, diffèrent les peuples. Voyez la Souabe, la Bavière, l'Autriche sur le même Danube. Sur notre Loire, combien l'Orléanais, la Touraine, l'Anjou se ressemblent peu.

La Seine seule a facilité les mélanges et centralisé, harmonisé tout ce qui lui est venu des diverses parties de la France.

Il ne suffit donc pas de tracer la forme géographique des provinces, il y a nécessité de les étudier aussi *historiquement* selon leurs associations politiques, c'est-à-dire en longitude, du

Nord au Midi, de voir comment l'histoire a violé la géographie.

La chose est saisissante surtout dans nos provinces de l'Ouest. Ainsi, la maison d'Anjou, établie au centre de la Loire, d'énergie celtique, mais moins exclusive que la Bretagne a, par mariage, sauté les hauteurs et pris la Normandie, l'Angleterre et le Poitou, la Guienne, etc., réclamant même, en vain, Toulouse et les Pyrénées. Cette méthode historique nous permettra d'observer aussi comment les provinces *alternent* de caractère et *s'aimantent* dans toute cette zone de l'Ouest :

De l'*universalité* parisienne à la *sévérité* de Chartres et d'Orléans.

De la *mollesse* de la Touraine à la *fermeté intelligente* de Saumur et d'Angers.

De l'*amabilité* poitevine à la *sauvagerie* vendéenne, à la *sécheresse industrielle et politique* de La Rochelle.

De la *grave* Saintonge à la *riche et aimable* Angoulême.

De l'*honnêteté* de Limoges à l'*âpreté spirituelle* de Brives.

Puis, comment les dualités Basco-Béarnaise, Gasco-Languedocienne et Rouergo-Périgord, — tragi-comique, — font cercle autour de Bordeaux, de l'aimable et indifférente Guienne. Ces oppositions ou plutôt ces nombreux contrastes, doivent contribuer à former l'harmonie générale.

C'est donc surtout par leurs fruits que ces diverses provinces s'expliquent, je veux dire, par les hommes et les événements que doit offrir leur histoire.

Du point où nous nous plaçons, nous prédirons ce que chacune d'elles doit faire et produire, nous leur marquerons leur destinée, nous les doterons à leur berceau.

Et d'abord, contemplons l'ensemble de la France, pour la voir se diviser d'elle-même.

Montons sur un des points élevés des Vosges, ou, si vous voulez, au Jura. Tournons le dos aux Alpes. Nous distinguerons (pourvu que notre regard puisse percer un horizon de trois cents lieues) une ligne onduleuse, qui s'étend des collines boisées du Luxembourg et des Ardennes aux ballons des Vosges ; de là, par les coteaux vineux de la Bourgogne, aux déchirements volcaniques des Cévennes, et jusqu'au mur prodigieux des Pyrénées. Cette ligne est la séparation des eaux : du côté occidental, la Seine, la Loire et la Garonne descendent à l'Océan ; derrière s'écoulent la Meuse au Nord, la Saône et le Rhône au Midi. Au loin, deux espèces d'îles continentales : la Bretagne, âpre et basse, simple quartz et granit, grand écueil placé au coin de la France pour porter le coup des courants de la Manche ; d'autre part, la verte et rude Auvergne, vaste incendie éteint avec ses quarante volcans.

Les bassins du Rhône et de la Garonne, malgré leur importance, ne sont que secondaires. La vie forte est au Nord. Là s'est opéré le grand mouvement des nations. L'écoulement des races a eu lieu de l'Allemagne à la France dans les temps anciens. La grande lutte politique a longtemps été entre la France et l'Angleterre. Ces deux peuples sont placés front à front comme pour se heurter ; les deux contrées, dans leurs parties principales, offrent deux pentes en en face l'une de l'autre ; ou si l'on veut, c'est une seule vallée dont la Manche est le fond. Ici la Seine et Paris ; là Londres et la Tamise. Mais l'Angleterre présente à la France sa partie germanique ; elle retient derrière elle les Celtes de Galles, d'Écosse et d'Irlande. La France, au contraire, oppose un front celtique à l'Angleterre. Chaque pays se montre à l'autre par ce qu'il a de plus hostile.

L'Allemagne n'est point opposée à la France, elle lui est plutôt parallèle (1). Le Rhin, l'Elbe, l'Oder vont aux mers du Nord, comme la Meuse et l'Escaut.

(1) Ceci est l'histoire éternelle ; la guerre de 1870, qui a été un accident, n'infirme pas cette assertion.

Pour la France romaine et ibérienne, quelle que soit la splendeur de Marseille et de Bordeaux, elle ne regarde que le vieux monde de l'Afrique et de l'Italie, et d'autre part le vague Océan. Le mur des Pyrénées nous sépare de l'Espagne, plus que la mer ne la sépare elle-même de l'Afrique. Lorsqu'on s'élève au-dessus des pluies et des basses nuées jusqu'au *por* de Vénasque, et que la vue plonge sur l'Espagne, on voit bien que l'Europe est finie ; un nouveau monde s'ouvre ; devant, l'ardente lumière d'Afrique ; derrière, un brouillard ondoyant sous un vent éternel.

En latitude, les zones de la France se marquent aisément par leurs produits. Au nord, les grasses et basses plaines de Belgique et de Flandre avec leurs champs de lin et de colza, et le houblon, leur vigne amère du Nord. De Reims à la Moselle commence la vraie vigne et le vin ; tout esprit en Champagne, bon et chaud en Bourgogne, il se charge, s'alourdit en Languedoc pour se réveiller à Bordeaux. Le mûrier paraît à Montauban.

En longitude, les zones ne sont pas moins marquées. Nous verrons les rapports intimes qui unissent, comme en une longue bande, les provinces frontières des Ardennes, de Lorraine, de Franche-Comté et de Dauphiné. La ceinture océanique, composée d'une part de Flandre, Picardie et Normandie, d'autre part de Poitou et Guienne, flotterait dans son immense développement, si elle n'était serrée au milieu par ce dur nœud de la Bretagne.

———

On l'a dit, *Paris, Rouen, le Havre, sont une même ville dont la Seine est la grand'rue.* Éloignez-vous au midi de cette rue magnifique, où les châteaux touchent aux châteaux, les villages aux villages ; passez de la Seine-Inférieure au Calvados, et du Calvados à la Manche, quelles que soient la richesse et la fertilité de la contrée, les villes diminuent de nombre, les cultures aussi ; les pâturages augmentent. Le pays est sérieux ; il va devenir triste et sauvage. Aux châteaux altiers de la Normandie vont succéder les bas manoirs bretons. Le costume semble suivre le changement de l'architecture. Le bonnet triomphal des femmes de Caux, qui annonce si dignement les filles des conquérants de l'Angleterre, s'évase vers Caen, s'aplatit dès Villedieu : à Saint-Malo, il se divise, et figure au vent, tantôt les ailes d'un moulin, tantôt les voiles d'un vaisseau. D'autre part, les habits de peau commencent à Laval. Les forêts qui vont s'épaississant, la solitude de la Trappe, où les moines mènent en commun la vie sauvage, les noms expressifs des villes Fougères et Rennes (Rennes veut dire aussi fougère), les eaux grises de la Mayenne et de la Vilaine, tout annonce la rude contrée.

C'est par là, toutefois, que nous voulons commencer l'étude de la France. L'ainée de la monarchie, la province celtique, mérite le premier regard. De là nous descendrons aux vieux rivaux des Celtes, aux Basques ou Ibères, non moins obstinés dans leurs montagnes que le Celte dans ses landes et ses marais. Nous pourrons passer ensuite aux pays mêlés par la conquête romaine et germanique. Nous aurons étudié la géographie dans l'ordre chronologique, et voyagé à la fois dans l'espace et dans le temps.

I

LA BRETAGNE [1]

La pauvre et dure Bretagne, l'élément résistant de la France, étend ses champs de quartz et de schiste, depuis les ardoisières de Châtelaulin près Brest, jusqu'aux ardoisières d'Angers. C'est là son étendue géologique. Toutefois, d'Angers à Rennes, c'est un pays disputé et flottant, un *border* comme celui d'Angleterre et d'Ecosse, qui a échappé de bonne heure à la Bretagne. La langue bretonne ne commence pas même à Rennes, mais vers Elven, Pontivy, Loudéac et Châtelaudren. De là, jusqu'à la pointe du Finistère, c'est la vraie Bretagne, la Bretagne

---

[1] M. Michelet venait de parcourir tout ce pays accompagné de son élève et ami, M. Chéruel.

bretonnante, race rude de grande noblesse, d'une finesse de caillou. Les paysans qu'on rencontre, sérieux, les cheveux noirs, la figure sèche vous regardent obliquement. Les femmes frappées de méridionalité, quelquefois jolies. Mais ce n'est pas la longue figure des Normandes. Ici, le visage est rond. Imaginatifs et spirituels, ces descendants des opiniâtres Kymris, n'en aiment pas moins l'impossible, les causes perdues. Si le Breton perd tant de choses, sa langue, son costume, une lui reste, le caractère. Ce pays a été longtemps étranger au nôtre, justement parce qu'il est resté trop fidèle à notre état primitif; peu français, tant il est gaulois, il nous aurait échappé plus d'une fois si nous ne l'avions tenu serré, comme dans des pinces et des tenailles, entre quatre villes françaises d'un génie rude et fort : Nantes et Saint-Malo, Rennes et Brest.

Et pourtant, cette pauvre vieille province nous a sauvés plus d'une fois; souvent, lorsque la patrie était aux abois et qu'elle désespérait presque, il s'est trouvé des poitrines et des têtes bretonnes plus dures que le fer de l'étranger. Quand les hommes du Nord couraient impunément nos côtes et nos fleuves, la résistance commença par le breton Noménoé; il se mit à la tête du peuple, battit les Northmans, défendit contre Tours l'indépendance de l'Église bretonne.

Les Anglais furent repoussés au quatorzième siècle par Duguesclin ; au dix-septième, poursuivis sur toutes les mers par Duguay-Trouin.

Les guerres de la liberté religieuse, et celles de la liberté politique, n'ont pas de gloires plus innocentes et plus pures que Lanoue et Latour d'Auvergne, le premier grenadier de la République. C'est un Nantais, si l'on en croit la tradition, qui aurait poussé le dernier cri de Waterloo : *La garde meurt et ne se rend pas.*

Le génie de la Bretagne, c'est un génie d'indomptable résistance et d'opposition intrépide, opiniâtre, aveugle ; témoin Moreau, l'adversaire de Bonaparte. La chose est plus sensible encore dans l'histoire de la philosophie et de la littérature. Le breton Pélage, qui alluma l'étincelle dont s'éclaira tout l'Occident, qui mit l'esprit stoïcien dans le christianisme, et réclama le premier dans l'Église en faveur de la liberté humaine, eut pour successeurs le breton Abailard et le breton Descartes. Tous trois ont donné l'élan à la philosophie de leur siècle. Toutefois, dans Descartes même, le dédain des faits, le mépris de l'histoire et des langues, indique assez que ce génie indépendant, qui fonda la psychologie et doubla les mathématiques, avait plus de vigueur que d'étendue.

Cet esprit d'opposition, naturel à la Bretagne, est marqué au dernier siècle et au nôtre par deux faits contradictoires en apparence. La même partie de la Bretagne (Saint-Malo, Dinan et Saint-Brieuc) qui a produit, sous Louis XV, Duclos, Maupertuis et Lamétrie, a donné, de nos jours, Chateaubriand et Lamennais.

Jetons maintenant un rapide coup d'œil sur la contrée.

A ses deux portes, la Bretagne a deux forêts, le Bocage normand et le Bocage vendéen ; deux villes, Saint-Malo et Nantes, la ville des corsaires et celle des négriers (1). L'aspect de Saint-Malo est singulièrement laid et sinistre ; de plus, quelque chose de bizarre que nous retrouverons par toute la presqu'île, dans les costumes, dans les tableaux, dans les monuments. Petite ville, riche, sombre et triste, nid de vautours ou d'orfraies, tour à tour île et presqu'île selon le flux ou le reflux ; tout bordé d'écueils sales et fétides, où le varech pourrit à plaisir. Au loin, une côte de rochers blancs, anguleux, découpés comme au rasoir. La guerre était le bon temps

---

(1) Ce sont deux faits incontestables. Mais que ne faudrait-il pas ajouter, si l'on voulait rendre justice à ces deux villes, et leur payer tout ce que leur doit la France ?

pour Saint-Malo; ils ne connaissaient pas de plus charmante fête; ils préparaient ainsi leurs corsaires, organisaient bourgeoisement à leur profit l'héroïsme et la mort. De Saint-Malo, Duguay-Trouin et tant d'autres héros de la marine.

A l'autre bout, c'est Brest, le grand port militaire, la pensée de Richelieu, la main de Louis XIV; fort, arsenal et bagne, canons et vaisseaux, armées et millions, la force de la France entassée au bout de la France : tout cela dans un port serré, où l'on étouffe entre deux montagnes chargés d'immenses constructions. Quand vous parcourez ce port, c'est comme si vous passiez dans une petite barque entre deux vaisseaux de haut bord; il semble que ses lourdes masses vont venir à vous et que vous allez être pris entre elles. L'impression générale est grande, mais pénible. C'est un prodigieux tour de force, un défi porté à l'Angleterre et à la nature.

C'est justement à cette pointe où la mer, échappée du détroit de la Manche, vient briser avec tant de fureur que nous avons placé le grand dépôt de notre marine. Certes, il est bien gardé. L'on n'y entrera pas; mais l'on n'en sort pas comme on veut. Plus d'un vaisseau a péri à la passe de Brest. Toute cette côte est un cimetière. Il s'y perd soixante embarcations chaque hiver (1).

La rareté de nos ports si clairsemés, de Brest à Saint-Malo, à Cherbourg, au Havre, la difficulté de leurs entrées, leur ensablement, montrent que la mer n'aime pas la France ; elle est anglaise d'inclination. L'Angleterre regarde de partout l'Océan ; nous, nous avons à peine de petites fenêtres percées sur lui, à travers nos falaises et nos rochers. La Bretagne est pis qu'une île : ni fleuve, ni port ; nul accès ni par terre ni par mer.

Rien de sinistre et formidable comme cette côte de Brest, c'est la limite extrême, la pointe, la proue de l'ancien monde. Là, les deux ennemis sont en face : la terre et la mer, l'homme et la nature. Il faut voir quand elle s'émeut, la furieuse, quelles monstrueuses vagues elle entasse à la pointe de Saint-Mathieu, à cinquante, à soixante, à quatre-vingt pieds ; l'écume vole jusqu'à l'église où les mères et les sœurs sont en prières. Et même dans les moments de trêve, quand l'Océan se tait, qui a parcouru cette côte funèbre sans dire ou sentir en soi : *Tristis usque ad mortem !*

C'est qu'en effet il y a là pis que les écueils,

(1) Aujourd'hui que la navigation a tant augmenté, les sinistres doivent être plus nombreux.

pis que la tempête. La nature est atroce, l'homme est atroce, et ils semblent s'entendre. Naguère encore, dès que la mer leur jetait un pauvre vaisseau, ils couraient à la côte, hommes, femmes et enfants ; ils tombaient sur cette curée. On assure qu'ils n'attendaient pas toujours le naufrage. Tout vaisseau était un ennemi. Souvent, dit-on, une vache, promenant à ses cornes un fanal mouvant l'amenait sur les écueils. Dieu sait alors quelles scènes de nuit ! (1).

L'homme est dur sur cette côte. Fils maudit de la création, vrai Caïn, pourquoi pardonnerait-il à Abel ? La nature ne lui pardonne pas. La vague l'épargne-t-elle quand, dans les terribles nuits de l'hiver, il va par les écueils attirer le varech flottant qui doit engraisser son champ stérile, et que si souvent le flot apporte l'herbe et emporte l'homme ? L'épargne-t-elle quand il glisse en tremblant sous la pointe du Raz, aux rochers rouges où s'abîme l'*enfer de Plogoff*, à côté de la *baie des Trépassés*, où les courants portent les cadavres depuis tant de siècles ? C'est un proverbe breton : « Nul n'a passé le

(1) Du reste, il semblait que le *bris* fût une sorte de droit d'alluvion. Ce terrible droit était l'un des privilèges féodaux les plus lucratifs. On sait le mot de ce comte de Léon, enrichi par son écueil : « J'ai là une pierre plus précieuse que celles qui ornent la couronne des rois. »

Raz sans mal ou sans frayeur. » Et encore :
« Secourez-moi, grand Dieu, à la pointe du Raz,
« mon vaisseau est si petit et la mer est si
« grande (1). »

Là, la nature expire, l'humanité devient morne et froide. Nulle poésie, peu de religion ; le christianisme y est d'hier. Michel Noblet fut l'apôtre de Batz en 1648. Dans les îles de Sein, de Batz, d'Ouessant, les mariages sont tristes et sévères. Les filles font, sans rougir, les démarches pour leur mariage. La femme y travaille plus que l'homme, et dans les îles d'Ouessant, elle y est plus grande et plus forte. C'est qu'elle cultive la terre ; lui, il reste assis au bateau, bercé et battu par la mer, sa rude nourrice. Les animaux aussi s'altèrent et semblent changer de nature. Les chevaux, les lapins sont d'une étrange petitesse dans ces îles.

Asseyons-nous à cette formidable pointe du Raz, sur ce rocher miné, à cette hauteur de trois cents pieds, d'où nous voyons sept lieues

(1) Les choses ont changé. Aujourd'hui la France s'avance en mer pour recueillir les vaisseaux, éclairant d'un soin admirable toutes les pointes de la Bretagne. A l'avant-garde de Brest, à Saint-Mathieu, à Pennemark, à l'île de Sein, tout est couronné de feux, tous différents, par éclairs de minutes ou de secondes qui avertissent de tous côtés le navigateur.

de côtes. C'est ici, en quelque sorte, le sanctuaire du monde celtique. Ce que vous apercevez par delà la baie des Trépassés, est l'île de Sein, triste banc de sable sans arbres et presque sans abri ; quelques familles y vivent, pauvres et compatissantes, qui, tous les ans, sauvent des naufragés. Cette île était la demeure des vierges sacrées qui donnaient aux Celtes beau temps ou naufrage. Là, elles célébraient leur triste et meurtrière orgie ; et les navigateurs entendaient avec effroi de la pleine mer le bruit des cymbales barbares. Cette île, dans la tradition, est le berceau de Myrddyn, le Merlin du moyen âge. Son tombeau est de l'autre côté de la Bretagne, dans la forêt de Broceliande, sous la fatale pierre où sa Vyvyan l'a enchanté. Tous ces rochers que vous voyez, ce sont des villes englouties ; c'est Douarnenez, c'est Is, la Sodome bretonne ; ces deux corbeaux, qui vont toujours volant lourdement au rivage, ne sont rien autre que les âmes du roi Grallon et de sa fille ; et ces sifflements, qu'on croirait ceux de la tempête, sont les *crierien*, ombres des naufragés qui demandent la sépulture.

A Lanvau, près Brest, s'élève, comme la borne du continent, une grande pierre brute. De là, jusqu'à Lorient, et de Lorient à Quiberon et Carnac, sur toute la côte méridionale de la

Bretagne, vous ne pouvez marcher un quart d'heure sans rencontrer quelques-uns de ces monuments rudes et muettes pierres qu'on appelle druidiques. Vous les voyez souvent de la route dans des landes couvertes de houx et de chardons.

Qu'on veuille y voir des autels, des tombeaux, ou de simples souvenirs de quelque événement, ces monuments ne sont rien moins qu'imposants, quoi qu'on ait dit. Mais l'impression en est triste, ils ont quelque chose de singulièrement rude et rebutant.

Ce sont de grosses pierres basses, dressées et souvent un peu arrondies par le haut; ou bien, une table de pierre portant sur trois ou quatre pierres droites. Il semble qu'on ait tiré parti des rocs, sur place, en les arrondissant, en fouillant en dessous et en les étageant de pierres.

On croit sentir dans ce premier essai de l'art une main déjà intelligente, mais aussi dure, aussi peu humaine que le roc qu'elle a façonné. Nulle inscription, nul signe, si ce n'est peut-être sous les pierres renversées de Loc Maria Ker, encore si peu distincts, qu'on est tenté de les prendre pour des accidents naturels. Si vous interrogez les gens du pays, ils répondront brièvement que ce sont les maisons des Korrigans, des Courils, petits hommes lascifs qui, le soir, barrent le chemin, et vous forcent de danser avec eux jusqu'à ce que vous en mouriez de fatigue. Ailleurs, ce sont les fées qui, descendant des montagnes en filant, ont apporté ces rocs dans leur tablier. Ces pierres éparses sont toutes une noce pétrifiée. Une pierre isolée, vers Morlaix, témoigne du malheur d'un paysan qui, pour avoir blasphémé, a été avalé par la lune.

On ne sent bien l'histoire de Bretagne que sur le théâtre même des guerres bretonnes, aux roches d'Auray, aux plages de Quiberon, de Saint-Michel-en-Grève, où le duc fratricide rencontra le moine noir.

Je n'oublierai jamais le jour où je partis de grand matin d'Auray, la ville sainte des chouans, pour visiter, à quelques lieues de là, les grands monuments druidiques de Loc Maria Ker et de Carnac. Le premier de ces villages, assis à l'embouchure de la sale et fétide rivière d'Auray, *avec ses îles du Morbihan, plus nombreuses qu'il n'y a de jours dans l'an.*

Il tombait du brouillard, comme il y en a sur ces côtes la moitié de l'année. Nous avancions en dansant, péniblement, sur les rocs, les branches des arbres nous frappant le visage, nous lançant l'eau, déchirant les chevaux et le postillon. De mauvais ponts sur des marais, puis le bas et sombre manoir avec la longue avenue de chênes qui s'est religieusement conservée en Bretagne ; des bois fourrés et bas, où les vieux arbres même ne s'élèvent jamais bien haut. Rien du grandiose des forêts et des châteaux normands. Les manoirs bretons semblent plus compter pour leur défense sur la difficulté des approches, sur les forêts broussailleuses, les marais qui les cachent que sur une position élevée. De temps en temps un paysan au nez pointu qui passe sans regarder ; mais il vous a bien vu avec son œil oblique d'oiseau de nuit. Cette figure explique le fameux cri de guerre, et le nom de *chouans*, que leur donnaient les *bleus*. Point de maisons sur les chemins ; ils reviennent chaque soir au village. Partout de grandes landes, tristement parées de bruyères roses et de diverses plantes jaunes (1) ; ailleurs, ce sont des campagnes blanches de sarrazin. Cette neige d'été, ces couleurs sans éclat et comme flétries d'avance, affligent l'œil plus qu'elles ne le récréent, comme cette couronne de paille et de fleurs dont se pare la folle d'*Hamlet*. En avan-

---

(1) Les genêts.

çant vers Carnac, c'est encore pis. Véritables plaines de roc où quelques moutons noirs paissent le caillou. Au milieu de tant de pierres, dont plusieurs sont dressées d'elles-mêmes, trapues comme les hommes du pays, les alignements de Carnac n'inspirent aucun étonnement. Montons plutôt sur la plate-forme du clocher de l'église. De là, le regard découvre à peu de distance, un monument de notre histoire bien autrement saisissant : Quiberon, de sinistre mémoire ! Entre Auray et Vannes, les yeux se heurtent à un objet funèbre ; sur une vaste prairie, une seule tombe avec cette brève inscription : *Hic ceciderunt*. Ce sont les prisonniers vendéens pris à Quiberon que les soldats ne purent sauver, qu'il fallut fusiller là.

———

Le Morbihan sombre d'aspect l'est aussi de souvenirs ; pays de vieilles haines, de pèlerinages et de guerre civile ; terre de caillou et race de granit. Là, tout dure ; le temps y passe plus lentement. Les prêtres y sont très forts. C'est pourtant une grave erreur de croire que ces populations de l'Ouest, bretonnes et vendéennes, soient profondément religieuses : dans plusieurs cantons de l'Ouest, le saint qui n'exauce pas les prières risque d'être vigoureusement fouetté. En Bretagne, comme en Irlande, le catholicisme est cher aux hommes comme symbole de la nationalité. La religion y a surtout une influence politique. Un prêtre irlandais qui se fait ami des Anglais est bientôt chassé du pays. Nulle église, au moyen âge, ne resta plus longtemps indépendante de Rome que celle d'Irlande et de Bretagne. La dernière essaya longtemps de se soustraire à la primatie de Tours, et lui opposa celle de Dôle.

Les familles étaient d'autant plus nombreuses en Bretagne, qu'elles étaient plus pauvres. C'était une idée bretonne d'avoir le plus d'enfants possible, c'est-à-dire le plus de soldats qui allassent gagner au loin et qui rapportassent. Dans les vraies usances bretonnes, la maison paternelle, le foyer, restait au plus jeune ; les aînés étaient mis dehors ; ils se jetaient dans une barque ou sur un mauvais petit cheval, et tant les portait la barque ou l'indestructible bête, qu'ils revenaient au manoir refaits, vêtus et passablement garnis.

La noblesse innombrab e et pauvre de la Bretagne était plus rapprochée du laboureur. Il y avait là aussi quelque chose des habitudes de clan. Le vasselage n'y était pas un simple rapport de terre, de service militaire, mais une relation intime entre le chef et ses hommes non sans analogie avec le *cousinage* fictif des higlanders écossais.

Une foule de familles de paysans se regardaient comme nobles; quelques-uns se croyaient descendus d'Arthur ou de la fée Morgane, et plantaient, dit-on, des épées pour limites à leurs champs. Il s'asseyaient et se couvraient devant leur seigneur en signe d'indépendance. Dans plusieurs parties de la province, le servage était inconnu : les domaniers et quevaisiers, quelque dure que fût leur condition, étaient libres de leur corps, si leur terre était serve. Devant le plus fier des Rohan, ils se seraient redressés en disant, comme ils font, d'un ton si grave : *Me zo deuzar armoriq*; et moi aussi je suis Breton. Un mot profond a été dit sur la Vendée, et il s'applique aussi à la Bretagne : *Ces populations sont au fond républicaines;* républicanisme social, non politique.

Ne nous étonnons pas que cette race celtique, la plus obstinée de l'ancien monde, ait fait quelques efforts dans les derniers temps pour prolonger encore sa nationalité; elle l'a défendue de même au moyen âge. La Bretagne, sous forme de duché et comme telle, classée parmi les grands fiefs, était au fond tout autre chose, une chose si spéciale, si antique que personne ne la comprenait. Outre le vieil esprit de clan, le duc croyait ne tenir de nul autre que de Dieu. Il dédaignait le chapeau ducal et, ayant, disait-il, sauvé la royauté, portait couronne aussi bien que le roi. Pour que l'Anjou prévalût au XIIe siècle sur la Bretagne, il a fallu que les Plantagenets devinssent, par deux mariages, rois d'Angleterre et ducs de Normandie et d'Aquitaine. La Bretagne, pour leur échapper, s'est donnée à la France, mais il leur a fallu encore un siècle de guerre entre les partis français et anglais, entre les Blois et les Montfort. Quand le mariage d'Anne avec Louis XII eut réuni la province au royaume, quand Anne eut écrit sur le château de Nantes la vieille devise du château des Bourbons (*Qui qu'en grogne, tel est mon plaisir*), alors commença la lutte légale des États, du Parlement de Rennes, sa défense du droit coutumier contre le droit romain, la guerre des privilèges provinciaux contre la centralisation monarchique. Comprimée durement par Louis XIV (1), la résistance recommença sous Louis XV, et La Chalotais, dans un cachot de Brest, écrivit avec un cure-dent son courageux factum contre les jésuites.

Aujourd'hui la résistance expire, la Bretagne

---

(1) Voir lettres de Mme de Sévigné, 1675 : « Il y eut un très grand nombre d'hommes roués, pendus, envoyés aux galères, etc. »

devient peu à peu toute France. Le vieil idiome, miné par l'infiltration continuelle de la langue française, recule peu à peu. Le génie de l'improvisation poétique, qui a subsisté si longtemps chez les Celtes d'Irlande et d'Écosse, qui chez nos Bretons même n'est pas tout à fait éteint, devient pourtant une singularité rare. Jadis, aux demandes de mariage, le bazvalan (1) chantait un couplet de sa composition; la jeune fille répondait quelques vers. Aujourd'hui ce sont des formules apprises par cœur qu'ils débitent. Les essais, plus hardis qu'heureux des Bretons qui ont essayé de raviver par la science la nationalité de leur pays, n'ont été accueillis que par la risée. Moi-même j'ai vu à Tréguier le savant ami de le Brigant, le vieux M. Duigon, qu'ils ne connaissent que sous le nom de M. Système, au milieu de cinq ou six volumes dépareillés, — tout ce qui restait sans doute de sa librairie, — gisant à terre pêle-mêle avec des ognons, dans un désordre aussi pittoresque qu'eût pu le souhaiter Walter Scott. L'homme était lui-même la plus curieuse antiquité que j'aie rencontré en Bretagne. Le pauvre vieillard, seul, couché sur une chaise séculaire, sans soin filial, sans fa-

---

(1) Le bazvalan était celui qui se chargeait de demander les filles en mariage. C'était le plus souvent un tailleur, qui se présentait avec un bas bleu et un blanc.

mille, se mourait de la fièvre entre une grammaire irlandaise et une grammaire hébraïque. Il se ranima pour me déclamer quelques vers bretons sur un rhythme emphatique et monotone qui, pourtant, n'était pas sans charme. Je ne pus voir, sans compassion profonde, ce représentant de la nationalité celtique, ce défenseur expirant d'une langue et d'une poésie expirantes.

Nos Bretons sont, dans leur langage, pleins de paroles tristes, ils sympathisent avec la nuit, avec la mort : « Je ne dors jamais, dit leur proverbe, que je ne meure de mort amère. » Et à celui qui passe sur une tombe : « Retirez-vous de mon trépassé. »

De toutes les populations celtiques, la Bretagne est pourtant la moins à plaindre, elle a été associée depuis longtemps à l'égalité; la France est un pays humain et généreux. Sa tristesse lui vient de s'être attachée aux causes perdues.

———

Nantes, capitale de la Bretagne, est peu bretonne. Elle semble avoir hérité d'Angers et de Rennes avec lesquels elle fait un triangle. La marée s'arrêtant à quatre lieues de distance à l'Ouest, son commerce maritime est sans apparence, les gros navires n'y venant pas. Nantes est un demi-Bordeaux moins brillant, plus sage, mêlé d'opulence coloniale et de sobriété bretonne. La parcimonie même, qui est le caractère des hommes de l'Ouest, leur permet dans les grandes circonstances une magnificence héroïque, une noble prodigalité. Bordeaux, avec ses riches vignobles, peut trafiquer de la nature. Nantes, moins favorisée, a trafiqué des hommes. C'était le pendant de Saint-Malo, mais moins héroïque. Elle n'est pas en face de l'Angleterre. Pour son berceau elle a choisi le point où aboutissent et finissent la navigation intérieure et la navigation maritime, entre les bras de l'Erdre, qui s'élargit là comme une mer, prend trois lieues d'étendue.

La Loire, abritée des courants par toute l'épaisseur de la Bretagne, chemine au delà de Nantes toute reposée sur un lit de sable. Après avoir fécondé trois cents lieues de rivages, elle porte placidement à la mer salée une mer d'eau douce. Nantes n'est pas sans souffrir de ce voisinage. Des quartiers entiers, — l'île Feydeau, par exemple, chargée de palais, — sont inhabités. En même temps, les hauteurs occupées par les longs murs des couvents, sans portes ni fenêtres, rappellent ces quartiers de Rome que gagne la *Mal'aria*.

Nantes, pendant la Révolution, fut admirable pour les malheureuses victimes de la guerre civile. Lorsque la Vendée inaugura l'insurrection par le massacre de Machecoul, on vit tout un peuple naufragé chercher dans son sein le port de salut. La grande cité entourée elle-même d'un cercle de feu, les reçut tous, ruinés, dépouillés, souvent en chemise, les hommes blessés, sanglants, les femmes éplorées ayant vu tuer leurs maris, écraser leurs enfants.

Si les Vendéens eussent pris Nantes, cette victoire leur eût donné à la fois la mer, la Loire et plusieurs départements, un vrai royaume de l'Ouest. Comme l'a dit Bonaparte, le salut de cette ville fut celui de la France.

II

MAINE – ANJOU – TOURAINE

Nous pouvons suivre le monde celtique, le long de la Loire, jusqu'aux limites géologiques de la Bretagne, aux ardoisières d'Angers ; ou bien jusqu'au grand monument druidique de Saumur, le plus important peut-être qui reste aujourd'hui ; ou encore jusqu'à Tours, la métropole ecclésiastique de la Bretagne, au moyen âge.

C'est à Saint-Florent, au lieu même où s'élève la colonne du vendéen Bonchamps, qu'au IXe siècle le breton Noménoé, vainqueur des Northmans, avait dressé sa propre statue ; elle était tournée vers l'Anjou, vers la France qu'il regardait comme sa proie (1). Mais l'Anjou devait l'emporter. La grande féodalité dominait chez

(1) Charles le Chauve, à son tour, s'en fit élever une en regard de la Bretagne.

cette population plus disciplinable que les Bretons, plus vaillante que les Poitevins et Aquitains. La Bretagne, avec son innombrable petite noblesse, ne pouvait faire de grande guerre ni de conquête. Les Angevins, au contraire, poussèrent au Midi jusqu'à Saintes.

La *noire ville* d'Angers porte, non seulement dans son vaste château et dans sa Tour du Diable, bâtie par Foulques-Nerra, le vrai fondateur de la puissance des comtes d'Anjou (1100), mais sur sa cathédrale même, ce caractère féodal. Cette église de Saint-Maurice est chargée, non de saints, mais de chevaliers armés de pied en cap : toutefois ses flèches boiteuses, l'une sculptée, l'autre nue, expriment suffisamment la destinée incomplète de l'Anjou. Malgré sa belle position sur le triple fleuve de la Maine, et si près de la Loire, où l'on distingue à leur couleur les eaux des quatre provinces, Angers dort aujourd'hui. On ne lui en veut pas de cette apathie. C'est bien assez d'avoir quelque temps réuni sous ses Plantagenets, l'Angleterre, la Normandie, la Bretagne et l'Aquitaine ; d'avoir plus tard, sous le bon René et ses fils, possédé, disputé, revendiqué du moins les trônes de Naples, d'Aragon, de Jérusalem et de Provence, pendant que sa fille Marguerite soutenait la Rose rouge contre la Rose blanche, et Lancastre contre York.

Elles dorment aussi au murmure de la Loire, les villes de Saumur et de Tours, la capitale du protestantisme, et la capitale du catholicisme en France sous les Mérovingiens. Saumur, le petit royaume des prédicants et du vieux Duplessis-Mornay, contre lesquels leur bon ami Henri IV bâtit la Flèche aux jésuites. Son château de Mornay et son prodigieux *dolmen* font toujours de Saumur une ville historique, mais combien déchue depuis la révocation de l'édit de Nantes, qui réduisit sa population de moitié. C'est sur le border breton, les landes d'Anjou, population mixte chargée de garder le pays, que poussèrent les Plante-Genets, — nom expressif pour qui a vu la Loire, — les futurs rois d'Angleterre. Ces bruyères comme celle de Macbeth saluèrent les deux royaumes.

Là aussi vécut le *bon roi Renée*, l'innocent peintre et poète qui finit par vouloir se faire berger. Cette aimable maison d'Anjou contribua, plus qu'aucune autre, à rapprocher tous les princes français, à réconcilier la France avec elle-même.

———

Bien autrement historique que Saumur est la bonne ville de Tours, et son tombeau de saint Martin, le vieil asile, le vieil oracle, le Delphes de la France, que les rois mérovingiens consultent à chaque instant sur leurs affaires et sur leurs crimes ; grand et lucratif pèlerinage pour lequel les comtes de Blois et d'Anjou ont tant rompu de lances. Mans, Angers, toute la Bretagne, dépendaient de l'archevêché de Tours ; ses chanoines, c'étaient les Capets, et les ducs de Bourgogne, de Bretagne, et le comte de Flandre et le patriarche de Jérusalem, les archevêques de Mayence, de Cologne, de Compostelle. Là, on battait monnaie, comme à Paris ; là, on fabriqua de bonne heure la soie, les tissus précieux, et aussi, s'il faut le dire, ces confitures, ces rillettes, qui ont rendu Tours et Reims également célèbres ; villes de prêtres et de sensualité. Mais Paris, Lyon et Nantes ont fait tort à l'industrie de Tours. C'est la faute aussi de ce doux soleil, de cette molle Loire ; on peut dire que cette ceinture de la France est détendue, flottante ; le travail est chose contre nature dans ce paresseux climat de Tours, de Blois et de Chinon, dans cette patrie de Rabelais, près du tombeau d'Agnès Sorel. Elle naquit aussi dans cette bonne Touraine, où le paysan parle encore notre vieux gaulois dans tout son charme, mollement comme on sait, lentement et avec un semblant de naïveté.

Chenonceaux, Chambord, Montbazon, Langeais, Loches, tous les favoris et favorites de nos rois, ont aussi leurs châteaux le long de la rivière. C'est le pays du *rire* et du *rien faire*.

Nous sommes déjà loin de celui où la bruyère fleurit sur les pierres et les bestiaux paissent le granit. Ici, en août comme en mai, vive verdure, des fruits, des arbres. Si vous regardez du bord, l'autre rive semble suspendue en l'air, tant l'eau réfléchit fidèlement le ciel : sable au bas, puis le saule qui vient boire dans le fleuve ; derrière, le peuplier, le tremble, le noyer, et les îles fuyant parmi les îles ; en montant, des têtes rondes d'arbres qui s'en vont moutonnant doucement les uns sur les autres, pendant qu'elle s'oublie, l'aimable Loire, s'oublie en méandres et s'endort. Il en est de même de la volonté. François Ier au retour de Madrid, ayant perdu pour toujours le goût de l'action, s'amusera, pendant douze ans, à bâtir Chambord.

Molle et sensuelle contrée ! c'est bien ici que l'idée dut venir de faire la femme reine des monastères, et de vivre sous elle dans une voluptueuse obéissance, mêlée d'amour et de sainteté. Aussi jamais abbaye n'eut la splendeur de Fontevrault. Il en reste aujourd'hui cinq églises. Plus d'un roi y voulut être enterré : même le farouche Richard Cœur-de-Lion leur légua son cœur ; il croyait que ce cœur meurtrier et parricide finirait par reposer peut-être dans une douce main de femme, et sous la prière des vierges.

Toutefois, la Loire n'est pas le fleuve de la civilisation ; entre Angers et Nantes, les villages s'éloignent du rivage mobile, les bateaux attendent le vent de mer pour remonter, et plus on monte, plus on est ensablé aux basses eaux ; entre Angers et Saumur, le fleuve est solitaire. Partout vous rencontrez la richesse du sol et du luxe, mais non celle de l'industrie. Ce ne sont pas des fermes, mais des maisons de plaisance. Rien n'indique le peuple. La Loire ne pourra jamais prévaloir sur la Seine. Chambord fût bâti pour les plaisirs de la conversation. Blois, perché sur son pic, rappelle de tout autres souvenirs. L'abîme s'ouvre des terrasses du haut jusqu'au bas. On songe à la prodigieuse chute que dut faire le corps de Guise. Plus bas, la salle tragique où, par les ordres du roi, fut brûlé le cadavre. Plus bas encore, la belle et nonchalante Loire qui reçut indifféremment les cendres, comme plus tard, les noyades de Carrier. Cela gâte le plaisir qu'on prendrait à s'oublier dans ce beau pays.

Pour trouver sur cette Loire quelque chose de plus sévère, il faut remonter au coude par lequel elle s'approche de la Seine, jusqu'à la sérieuse Orléans, ville de légistes au moyen âge, puis calviniste, puis janséniste, aujourd'hui industrielle. Mais je parlerai plus tard du centre de la France; il me tarde de pousser au Midi; j'ai parlé des Celtes de Bretagne, je veux m'acheminer vers les Ibères, vers les Pyrénées.

III

LE POITOU – AUNIS – VENDÉE

LE POITOU

Le Poitou, que nous trouvons de l'autre côté de la Loire, en face de la Bretagne et de l'Anjou, forme l'anneau entre le Nord et le Midi, roman par ses monuments, septentrional par la langue, c'est un pays formé d'éléments très divers, mais non point mélangés. Trois populations fort distinctes y occupent trois bandes de terrains qui s'étendent du Nord au Midi (1). De là, les contradictions apparentes qu'offre l'histoire de cette province. Le Poitou est le centre du calvinisme; au XVI° siècle, il recrute les armées de Coligny,

---

(1) Ces trois régions sont : le Marais, qui borde la côte; le Bocage, qui occupe le centre; la Plaine s'étend de la Sèvre Niortaise à la Sèvre Nantaise.

et tente la fondation d'une république protestante ; et c'est du Poitou qu'est sorti de nos jours l'opposition catholique et royaliste de la Vendée. La première époque appartient surtout aux hommes de la côte ; la seconde, surtout, au Bocage vendéen. Toutefois l'une et l'autre se rapportent à un même principe, dont le calvinisme républicain, dont le royalisme catholique n'ont été que la forme : esprit indomptable d'opposition au gouvernement central.

Le Poitou est la bataille du Midi et du Nord. C'est près de Poitiers que Clovis a défait les Goths, que Charles-Martel a repoussé les Sarrasins, que l'armée anglo-gasconne du prince Noir a pris le roi Jean. Mêlé de droit romain et de droit coutumier, donnant ses légistes au Nord, ses troubadours au Midi, le Poitou est lui-même comme sa Mélusine, assemblage de natures diverses, moitié femme et moitié serpent. C'est dans le pays du mélange, dans le pays des mulets et des vipères, — Poitiers en envoyait autrefois jusqu'à Venise, — que ce mythe étrange a dû naître. Dans les marches alors sauvages, entre le pays de Merlin et le pays de Mélusine, sur les landes à perte de vue qui témoignent des vieilles guerres et d'éternels ravages, le Diable aussi était chez lui. Quelque attrait qu'eussent pour lui les âpres fourrés de la Lorraine, les noires sapinières du Jura, ses préférences étaient peut-être pour nos marches de l'Ouest.

Ce génie mixte et contradictoire a empêché le Poitou de rien achever ; il a tout commencé. Et d'abord la vieille ville romaine de Poitiers, aujourd'hui si solitaire, fut, avec Arles et Lyon, la première école chrétienne des Gaules. Saint Hilaire a partagé les combats d'Athanase pour la divinité de Jésus-Christ. Poitiers fut pour nous, sous quelques rapports, le berceau de la monarchie, aussi bien que du christianisme.

Ces vastes arènes dont la voûte d'entrée est une gueule énorme plus grande qu'aucune du Colysée ; ces vieilles églises romanes, leurs cryptes ténébreuses, à la fois tombe et berceau, pourraient en dire long sur ce passé. C'est de la cathédrale de Poitiers que brilla pendant la nuit la colonne de feu qui guida Clovis contre les Goths. Le roi de France était abbé de Saint-Hilaire de Poitiers, comme de Saint-Martin de Tours. Toutefois cette dernière église, moins lettrée, mais mieux située, plus populaire, plus féconde en miracles, prévalut sur sa sœur aînée. La dernière lueur de la poésie latine avait brillé à Poitiers au VIe siècle, avec son évêque Fortunat ; l'aurore de la littérature moderne y parut au XIIe siècle. Guillaume IX, duc d'Aquitaine, est le premier troubadour. C'est de lui qu'un vieil auteur dit: « Il fut bon troubadour, bon chevalier d'armes, et courut longtemps le monde pour tromper les dames. » Il conduisit aussi, dit-on, six cent mille hommes à la Terre Sainte (1).

Le Poitou semble avoir été alors un pays de libertins spirituels et de libres penseurs. Gilbert de la Porée, né à Poitiers, et évêque de cette ville, collègue d'Abailard à l'école de Chartres, enseigna avec la même hardiesse, fut comme lui attaqué par saint Bernard, se rétracta comme lui, mais ne se releva pas comme le logicien breton. La philosophie poitevine naît et meurt avec Gilbert.

La puissance politique du Poitou n'eut guère meilleure destinée. Elle avait commencé au IX⁰ siècle par la lutte que soutint contre Charles le Chauve, Aymon, père de Renaud, comte de Gascogne, et frère de Turpin, comte d'Angoulême. Cette famille voulait être issue des deux fameux héros de romans, saint Guillaume de Toulouse, et Gérard de Roussillon, comte de Bourgogne. Elle fut en effet grande et puissante, et se trouva quelque temps à la tête du Midi. Ils prenaient le titre de ducs d'Aquitaine, mais ils avaient

(1) Il arriva avec six hommes devant Antioche.

trop forte partie dans les populations de Bretagne et d'Anjou, qui les serraient au Nord ; les Angevins leur enlevèrent partie de la Touraine, Saumur, Loudun, et les tournèrent en s'emparant de Saintes. Cependant les comtes de Poitou s'épuisaient pour faire prévaloir dans le Midi, particulièrement sur l'Auvergne, sur Toulouse, ce grand titre de ducs d'Aquitaine ; ils se ruinaient en lointaines expéditions d'Espagne et de Jérusalem ; hommes brillants et prodigues, chevaliers troubadours souvent brouillés avec l'Église, mœurs légères et violentes, tragédies domestiques. Ce n'était pas la première fois qu'une comtesse de Poitiers assassinait sa rivale, lorsque la jalouse Éléonore de Guyenne, transplantée en Angleterre par son mariage avec Henri Plantagenet, fit périr la belle Rosemonde dans le labyrinthe où son époux l'avait cachée.

Les fils d'Éléonore, Henri, Richard Cœur-de-Lion et Jean, ne surent jamais s'ils étaient Poitevins ou Anglais, Angevins ou Normands. Cette lutte intérieure de deux natures contradictoires se représenta dans leur vie mobile et orageuse. Henri III, fils de Jean, fut gouverné par les Poitevins ; on sait quelles guerres civiles il en coûta à l'Angleterre. Une fois réuni à la monarchie, le Poitou du *marais* et de la plaine se laissa aller au mouvement général de la France. Fontenay fournit de grands légistes, les Tiraqueau, les Besly, les Brisson. La noblesse du Poitou donna force courtisans habiles (Thouars, Mortemar, Meilleraie, Mauléon). Le plus grand politique et l'écrivain le plus populaire de la France, appartiennent au Poitou oriental : Richelieu et Voltaire ; ce dernier, né à Paris, était d'une famille de Parthenay.

L'AUNIS — LA ROCHELLE

Mais ce n'est pas là toute la province. Le plateau des deux Sèvres verse ses rivières, l'une vers Nantes, l'autre vers Niort et La Rochelle. Les deux contrées excentriques qu'elles traversent, sont fort isolées de la France. La seconde, petite Hollande, répandue en marais, en canaux, ne regarde que l'Océan, que La Rochelle. La *ville blanche* (1) comme la ville noire. La Rochelle comme Saint-Malo, fut originairement un asile ouvert par l'Église aux juifs, aux serfs, aux *coliberts* du Poitou. Le pape protégea

(1) Les Anglais donnaient autrefois ce nom à La Rochelle, à cause du reflet de la lumière sur les rochers et les falaises.

l'une comme l'autre contre les seigneurs. Elles grandirent affranchies de dîme et de tribut. Une foule d'aventuriers, sortis de cette populace sans nom, exploitèrent les mers comme marchands, comme pirates ; d'autres exploitèrent la cour et mirent au service des rois leur génie démocratique, leur haine des grands. Sans remonter jusqu'au serf Leudaste, de l'île de Ré, dont Grégoire de Tours nous a conservé la curieuse histoire, nous citerons le fameux cardinal de Sion, qui arma les Suisses pour Jules II, les chanceliers Olivier sous Charles IX, Balue et Doriole sous Louis XI ; ce prince aimait à se servir de ces intrigants, sauf à les loger ensuite dans une cage de fer.

La Rochelle crut un instant devenir une Amsterdam, dont Coligny eût été le Guillaume d'Orange. On sait les deux fameux sièges contre Charles IX et Richelieu, tant d'efforts héroïques, tant d'obstination, et ce poignard que le maire Guiton, nommé dictateur, avait déposé sur la table de l'Hôtel de ville, pour celui qui parlerait de se rendre. Le Rochelois est calme et tenace. Le matin on trouvait les sentinelles mortes de faim à leur poste. « Nous y passerons bientôt nous aussi, disait Guiton, il suffit qu'il en reste un vivant pour fermer la porte. » De pareils exemples sont bons à citer.

La ville, en octobre, comptait vingt-huit mille habitants ; en mars, il n'en restait plus que deux mille. Les autres, où étaient-ils ? Tous morts de faim et de misère.

Il fallut bien qu'ils cédassant pourtant, quand l'Angleterre, trahissant la cause protestante et son propre intérêt, laissa Richelieu fermer leur port. Ne pouvant prendre pour elle La Rochelle, tout au moins elle eût voulu s'emparer de l'île de Ré, et se tenir là, comme l'aigle de mer sur son roc, entre Nantes et Bordeaux. Mais La Rochelle ne le voulut pas. Les Huguenots furent avant tout des Français qui entendaient garder avec leurs libertés celles de la province. La Rochelle avait toujours été bonne française. On le vit bien lorsque le roi Jean, pour faire sa paix avec l'Angleterre, lui céda des provinces qui ne voulaient pas devenir anglaises. La Rochelle, d'autant plus française que Bordeaux était anglais, supplia le roi, au nom de Dieu, de ne pas l'abandonner. Les Rochelois « aimaient mieux être taillés tout les ans de la *moitié de leur chevance* » ; ils disaient encore : « Nous nous soumettrons aux Anglais des lèvres, mais de cœur jamais. » Ce patriotisme ardent, la Rochelle en donna de nouvelles preuves douze ans plus tard, lorsque le roi de Castille, qui redoutait l'invasion de l'Espagne par l'Angleterre, prêta une armée navale au roi Charles V. Les gros vaisseaux espagnols, chargés d'artillerie, accablèrent devant la Rochelle les petits vaisseaux des Anglais, leurs archers. La Rochelle applaudit et chassa les vaincus. Elle se donna, mais avec de bonnes réserves et sous conditions, dignement, de manière à rester république sous le roi, et « battre monnaie blanche et noire de telle forme et aloi comme ont ceux de Paris » (Froissart). Elle restait indépendante, mais toujours prête à servir la France. Charles VII était dépourvu de marine, la Rochelle mit à sa disposition seize vaisseaux armés pour l'aider à chasser les Anglais de Bordeaux.

Et pourtant, Richelieu, sans tenir compte de tant de services, fit périr La Rochelle. On distingue encore à la marée basse les restes de l'immense digue qui lui barra la mer, l'étouffa. Le jour où La Rochelle tomba, la France perdit son premier port, la terreur de l'Espagne, l'envie de la Hollande. Isolée pour toujours de l'Océan, la ville amphibie ne fit plus que languir. Pour mieux la museler, Rochefort fut fondé par Louis XIV à deux pas de La Rochelle, le port du roi à côté du port du peuple.

Mais si La Rochelle serrée entre Nantes et Bordeaux, étouffe, la ville royale, Rochefort, sur sa rivière boueuse et si loin de la mer, n'est guère plus vivante que sa rivale vaincue.

LA VENDÉE

La chute de La Rochelle fut un coup terrible pour tout le pays. L'Aunis si riche jusque-là, si maigre aujourd'hui, fut comme anéanti. Toute les vieilles places de Poitou et de Saintonge qui, pourtant n'avaient pas bougé, perdirent leurs murs et peu à peu leurs habitants. Les fils de ceux qui restèrent séparés de plus en plus de la France, devaient prendre sur elle une terrible revanche.

Cette partie du Poitou qui nous reste à parcourir, n'avait guère paru dans l'histoire, on la connaissait peu, elle s'ignorait elle-même.

Elle s'est révélée par la guerre de la Vendée. Le bassin de la Sèvre nantaise, les sombres collines qui l'environnent, tout le Bocage vendéen, telle fut la principale et première scène de cette guerre terrible qui embrasa tout l'Ouest. Cette Vendée qui a quatorze rivières, et pas une navigable, pays perdu dans ses haies et ses bois, n'était, quoiqu'on ait dit, ni plus religieuse, ni plus royaliste que bien d'autres provinces frontières ; mais, refoulée sur elle-même depuis cent cinquante ans, elle ne savait rien du reste du monde et tenait à ses habitudes. Elle n'aurait rien fait si la République n'était venue à son foyer pour l'en arracher. Plutôt que de quitter ses bœufs, son enclos, elle eût fait la guerre au roi.

L'ancienne monarchie dans son imparfaite centralisation, l'avait peu troublée ; la Révolution voulut l'amener d'un coup à l'unité nationale ; brusque et violente, portant partout une lumière subite, elle effaroucha ces fils de la nuit. Ces paysans se trouvèrent des héros.

Profonde est la différence entre le Breton et le Vendéen. Celui-ci ne comprend rien à cette énigme de l'ancien monde. Et pourtant il n'est pas rare de les voir confondus dans l'histoire.

Le Vendéen des trois Vendées, du Poitou enfermé, aveuglé dans son fourré du bocage ; l'homme de la basse Vendée, du marais qui vit entre un fossé et une mare, ne parlent pas moins notre langue. Le Breton par la sienne qu'on ne parle nulle part, est isolé, enraciné au sol. Las Bretonne timide et le prêtre, — paysan breton lui même, — ne le poussent nullement à courir hordu pays. La Vendéenne aux yeux noirs, excite son mari aux aventures. Elle partira elle-même, audacieuse amazone, à la suite de l'armée de Charette. On sait le point de départ de la guerre : le voiturier Cathelineau pétrissait son pain quand il entendit la proclamation républicaine ; il essuya tout simplement ses bras et prit son fusil. Chacun en fit autant et l'on marcha droit aux *bleus.* Et ce ne fut pas homme à homme, dans les bois, dans les ténèbres, comme les chouans de Bretagne, mais en masse, en corps de peuple, et en plaine. Ils étaient près de cent mille au siège de Nantes. La guerre de Bretagne est comme une ballade guerrière du *border* écossais, celle de Vendée une Iliade.

IV

LA SAINTONGE — ANGOULÊME

En avançant vers le midi, nous passerons les champs de bataille de Taillebourg et de Jarnac. La France est le pays des contrastes. Nous quittons le sol des guerres civiles pour entrer dans une région qui ne nous rappellera que des souvenirs aimables.

Soit que pour descendre de Rochefort à Saintes, nous nous attardions aux interminables circuits de la Charente, moins molle, moins vague, mieux encaissée que la trompeuse Loire; soit que nous cheminions de Cognac à Angoulême entre les grosses vignes qui ne sont qu'ivresse et alcool, nous nous retrouverons, comme sur la Loire, en plein pays de renaissance rablaisienne. Cognac est le berceau de François Ier. Sa sœur, la Marguerite des Cent Nouvelles, est née à Angoulême.

Avant d'aller plus loin, asseyons-nous un moment aux arènes de Saintes, dans ce petit vallon frais, reposé, gracieusement circonscrit que je vois encore; une jolie source coule au fond à petit bruit. La ville qui, peu à peu s'est échelonnée sur le penchant de la montagne, de ce point nous domine, et la belle tour de Saint-Eutrope que fit élever Louis XI. Saintes, aujourd'hui ville morte, fait penser à Pise. Le voyageur qui passe et la voit assoupie dans la pâlissante lumière du soir, s'y attarderait volontiers.

Mais Angoulême nous appelle. Une heure avant d'y arriver, elle apparaît dans la plaine merveilleusement assise sur son roc qui fait promontoire, la nouvelle et la vieille ville, toutes deux couronnées de jeune verdure.

Si nous avions le temps d'étudier les églises, nous aurions, en partie, l'histoire des mœurs des habitants dans le passé. Le galant tombeau des Saint-Gelais, qui remplit une chapelle de l'austère cathédrale, y suffira peut-être. Evidemment, l'évêque qu'on voit au milieu de ses frères leur donnant la main, était de la famille du bon abbé de Thélème. Ce mausolée tout en efflorescence végétale et animale, où les objets ne sont rien moins que religieux, semble le monument caractéristique d'Angoulême, ce pays de plaisir, de bon temps, de rien faire. On y est plus spirituel qu'en Poitou, mais encore plus inactif.

La ville, au XVIe siècle, a été remplie de Marguerite. On ne voit pas sans émotion la maison qu'elle habita avec sa mère Louise de Savoie, près des Cordeliers et de la cathédrale, dans le quartier le plus vieux et le plus solitaire. Ce qui est devenu aujourd'hui un grenier, — les combles crénelés, — était sans doute sa bibliothèque. On y lit encore l'inscription : *Libris et liberis ferendum et sperandum mediâ me emo turbâ.*

Le paysage qui entoure Angoulême était digne de servir de cadre au berceau de la *perle des Valois*. De là, le monde parut, de tous côtés, s'ouvrir pour elle; on a peine à compter les routes qui montent au nord, descendent au midi, rayonnent à l'est, à l'ouest, s'entre-croisent avec la Charente et l'Anguiène. Mais le lieu vous retient. Au-dessus des prairies, des vallées richement boisées, flotte, aux heures indécises, un brouillard léger plein de caprices. Rien de plus doux, de plus gracieux, de plus humain.

V

LE LIMOUSIN

Nous traverserons rapidement le haut Limousin, ce pays froid, pluvieux qui verse tant de fleuves (1).

Ses belles collines granitiques, arrondies en demi-globes, ses vastes forêts de châtaigniers, nourrissent une population honnête, mais lourde, timide et gauche par indécision. Pays souffrant, disputé si longtemps entre l'Angleterre et la France. L'adieu de l'ennemi, quand il sentit le pays lui échapper, fut l'extermination de Limoges. Le bas Limousin, le pays guerrier des Marches, qui ne voulut relever que du roi, c'est-à-dire de personne, est autre chose; le caractère remuant et spirituel des méridionaux y est déjà frappant. Cette population comme ses

(1) Proverbe : « Le Limousin ne périra pas par sécheresse. »

fleuves, la Corrèze et la Vésère, appartient plus à l'Auvergne qu'au Limousin. La Corrèze est la fille du Cantal. C'est l'énergie auvergnate méridionalisée. Les paysans du Cantal laissent « paître femmes et vaches », vont *gaaigner*, n'importe comment, rapportent leur butin, achètent de la terre. Ils ont parfois poussé jusqu'en Danemark. Entre Tulle, vieille ville épiscopale, et Brives-la-Gaillarde, bien bâtie en dures pierres grises à angles aigus, comme l'âpre vivacité de ses habitants, vous rencontrez de petites habitations groupées par deux, par trois au milieu des prairies sous les châtaigniers. Charmant et pauvre pays dans lequel on tourne par des rampes délicieuses, entre des roches pendantes, mousseuses, brunes, richement ombrées et délicatement festonnées de verdure. Petites cascades pour un fétu, rivière qui fuit, vive comme une couleuvre ; au-dessus, des peupliers. Un peu de sarrazin pour vous rappeler que vous êtes au pays de la pauveté, que toute cette beauté est désintéressée. La Bretagne est laide et pauvre. Le Limousin beau et pauvre.

Ce pays a donné des hommes à l'Église, à la monarchie. Les noms des Ségur, des Saint-Aulaire, des Noailles, des Ventadour, des Pompadour, et surtout des Turenne, indiquent assez combien les hommes de ces pays se sont rattachés au pouvoir central et combien ils y ont gagné. Ce drôle de cardinal Dubois était de Brives-la-Gaillarde.

Deux de nos derniers papes français, d'Avignon, étaient aussi Limousins (1). Ils avaient fait plusieurs cardinaux de leur province. Ces Limousins, à la mort de Grégoire XI, se voyant exclus de la papauté par le conclave, firent nommer un pape italien. Les autres cardinaux, comme on sait, firent bientôt un second pape, un Génevois qui vint régner à Avignon. De là le grand schisme d'Occident.

(1) Clément VI et Grégoire XI.

VI

L'AUVERGNE

Par le haut Limousin dont les montagnes se lient à celles de l'Auvergne, et celles-ci aux Cévennes, nous entrons, sans transition, dans le pays des anciens Galls autrefois resserrés dans leurs montagnes volcaniques par l'invasion kimrique. Mais les Arvernes redevinrent prépondérants par leur barbarie même et leur attachement à la vie de clan. L'histoire antique de l'Auvergne est celle de la lutte homérique de César contre le Vercingétorix gaulois (le général en chef de la confédération). On sait les efforts héroïques du jeune Arverne, ardent, intrépide pour arrêter César, et sa glorieuse défaite Alésia).

La richesse des Arvernes, la fertilité de leur plaine étaient pour les barbares un puissant attrait. « Quand verrai-je la belle Limagne » s'écriait le fils de Clovis, Childebert.

Au cinquième siècle, l'Auvergne se trouva placée entre les invasions du Midi et du Nord, entre les Goths, les Burgundes et les Francs. Son histoire présente alors un vif intérêt, c'est celle de la dernière province romaine. Les barbares alliés de Rome, cependant, ne l'épargnaient pas. Les Huns, auxiliaires de Litorius, en s'en allant au Midi combattre les Wisigoths, la traversèrent et la mirent à feu et à sang. Mais bientôt la blessure se referma et les Arvernes furent assez forts pour imposer à Rome un empereur auvergnat. Avitus était la créature des Goths autant que des Arvernes. L'Auvergne crut donc retrouver la paix et redevenir indépendante. Mais le règne d'Avitus fut éphémère. A la mort de Majorien son successeur, elle vit de nouveau arriver et monter rapidement le flot de la conquête barbare.

Livrée à elle-même, abandonnée de Rome, la tribu arverne se défendit héroïquement sous le patronnage de ses anciens chefs, les familles des Apollinaires, des Avitus, des Ferreols. Quittant leurs châteaux, elles s'enfermèrent dans leur petite mais imprenable cité. Bientôt, en effet, l'antique Gergovie (Clermont) surnagea seule isolée sur la haute montagne. Elle devait cependant échapper à ses légitimes possesseurs. Le roi des Goths (Euric) ne fit sa paix avec l'empereur Népos, qu'en lui prenant l'Auvergne. Il fallut bien accepter ces nouveaux maîtres. Mais les Goths eux-mêmes n'étaient-ils pas Romains? Leurs rois choisissaient leurs ministres parmi les vaincus. Arvernes et Goths, au lieu de se combattre, unirent leurs forces contre l'ennemi commun, contre les Francs désirés, appelés par le clergé des Gaules. Tous les autres barbares, à cette époque, étaient ariens. Clovis, déjà converti, les conduisait, les encourageait, leur montrant d'avance un riche butin au bout de la victoire (1).

Vainqueur à Vouglé (près Poitiers) il envoya son troisième fils Thierry pour organiser par des ravages la domination franque. Là, comme ailleurs, le clergé était généralement pour les Francs. Saint Quintien, évêque de Clermont, semble leur avoir livré le château. A la mort de Clovis, Theuderic, roi d'Austrasie, y établit ses guerriers en conquérants. « Je vous conduirai, avait-il dit à ses soldats, dans un pays où vous trouverez de l'argent autant que vous en pouvez

---

(1) « Il me déplaît, disait-il, que ces Ariens possèdent la meilleure partie des Gaules; allons sur eux avec l'aide de Dieu, et chassons-les : soumettons leurs terres à notre pouvoir; nous ferons bien, car elle est très bonne. » (An 507.)

désirer, où vous prendrez en abondance des troupeaux, des esclaves et des vêtements. »

Trahie, accablée, l'Auvergne, — par ses grandes familles de Clermont, — ne garda pas moins son influence sur les vainqueurs. Le fils de Sidonius, qui avait commandé les Arvernes à Vouglé, devint évêque de Clermont. Son petit-fils fut assez puissant pour appeler au pouvoir Childebert préférant, sans doute, sa domination à celle du barbare roi de Metz. Au IXe siècle, les Arvernes semblent avoir partagé la grande influence que les Aquitains exerçaient sur les Carlovingiens. Même costume, nous dit R. Glaber, mêmes mœurs, mêmes idées.

———

L'Auvergne est la vallée de l'Allier, dominée à l'ouest par la masse du Mont-Dore, qui s'élève entre le pic ou Puy-de-Dôme et la masse du Cantal. Vaste incendie éteint, aujourd'hui paré presque partout d'une forte et rude végétation. Le noyer, le châtaignier pivotent sur le basalte, et le blé germe sur la pierre ponce (1). Les feux intérieurs ne sont pas tellement assoupis que

(1) Au nord de Saint-Flour, la terre est couverte d'une couche épaisse de pierres ponces, et n'en est pas moins très fertile. Elle semble plutôt contribuer à sa fécondité.

certaine vallée ne fume encore, et que les *étouffis* du Mont-Dore ne rappellent la Solfatare et la Grotte-du-Chien. Villes noires, bâties de lave (Clermont, Saint-Flour, etc.). Mais la campagne est belle, soit que vous parcouriez les vastes et solitaires prairies du Cantal et du Mont-Dore, au bruit monotone des cascades ; soit que, de l'île basaltique où repose la dominante Clermont assise parmi la cour majestueuse des montagnes qui se tiennent autour (1), vous promeniez vos regards sur la fertile Limagne et sur le Puy-de-Dôme, ce joli *dé à coudre* de sept cents toises, voilé, dévoilé tour à tour par les nuages qui l'aiment et qui ne peuvent ni le fuir ni lui rester. C'est qu'en effet l'Auvergne est battue d'un vent éternel et contradictoire, dont les vallées opposées et alternées de ses montagnes animent, irritent les courants. Pays froid sous un ciel déjà méridional, où l'on gèle sur les laves. Aussi, dans les montagnes, la population reste l'hiver presque toujours blottie dans les étables, entourée d'une chaude et lourde atmosphère. Chargée, comme les Limousins, de je ne sais combien d'habits épais et pesants, on dirait une race méridionale grelottant au vent du nord, et comme resserrée, durcie, sous ce ciel étranger.

(1) Le vrai nom de Clermont, c'est le nom du petit fief des Pascal : *Le Bien-Assis.*

Vin grossier, fromage amer comme l'herbe rude d'où il vient, qui n'est jamais renouvelée. Ils vendaient, autrefois, leurs laves, leurs pierres ponces, leurs pierreries communes aux Espagnols qui venaient leur acheter. Communs aussi sont leurs fruits. Ils faut, aux lieux élevés, tourner la grappe au soleil ou elle ne mûrirait pas. Ici, la culture est une industrie, une manufacture. Ces fruits descendent l'Allier par bateaux. On en fait des conserves, des pâtes qu'on envoie jusqu'en Amérique. Le châtaignier, qui vit de la lave, plonge ses racines dans ses noires entrailles. Sur les volcans éteints il se loge au cratère et jusqu'en leur bouche béante, la pare de sa verte jeunesse. Son fruit est, avec le lait, pendant l'hiver, la principale nourriture des habitants de la montagne.

Plus laborieux qu'industrieux, les paysans d'Auvergne labourent encore souvent les terres fortes et profondes de leurs plaines avec la petite charrue du Midi qui égratigne à peine le sol. Ils ont beau émigrer tous les ans des montagnes, ils rapportent quelque argent, mais peu d'idées.

Et pourtant il y a toujours une force réelle dans les hommes de cette race, une sève amère, acerbe peut-être, mais vivace comme l'herbe du Cantal. L'âge n'y fait rien. Voyez quelle verdeur dans leurs vieillards, les Dulaure, les de Pradt ; et ce Montlosier octogénaire, qui gouverne ses ouvriers et tout ce qui l'entoure, qui plante et qui bâtit, et qui écrirait au besoin un nouveau livre contre le *parti-prêtre* ou pour la féodalité, ami, et en même temps ennemi du moyen âge.

L'Auvergne est mixte de droit et de langue. C'est une France, en petit.

Le génie inconséquent et contradictoire que nous remarquions dans d'autres provinces de notre zone moyenne, atteint ici son apogée. Là se trouvent ces grands légistes (1), ces logiciens du parti gallican, qui ne surent jamais s'ils étaient pour ou contre le pape : le chancelier de l'Hôpital ; les Arnaud ; le sévère Domat, papinien janséniste, qui essaya d'enfermer le droit dans le christianisme ; et son ami Pascal, le seul homme du XVII° siècle qui ait senti la crise religieuse entre Montaigne et Voltaire, âme souffrante où apparaît si merveilleusement le combat du doute et de l'ancienne foi.

Desaix, l'homme du sacrifice et du devoir, un héros et un saint, naquit et fut élevé au pied du Puy-de-Dôme, dans cette bonne Limagne, au

---

(1) Domat, de Clermont ; les Laguesle, de Vic-le-Comte ; Duprat et Barillon, son secrétaire, d'Issoire ; l'Hôpital, d'Aigueperse ; Anne Dubourg, de Riom ; Pierre Lizel, premier président du Parlement de Paris, au XVI° siècle, les Du Vair, sont d'Aurillac. Du Cantal, aussi, le moine Gerbert, qui coiffa la tiare après une vie d'aventures.

petit manoir de Voygoux. Le pays et la race furent forts en lui et il leur dut beaucoup. Il appartient vraiment à ce peuple vigoureux, honnête, laborieux entre tous, résigné aux plus rudes travaux. Mais l'Auvergne jamais ne fit un plus grand travailleur. Sa vie est d'une pièce, d'un fil tout aussi net que fut celui de son épée.

VII

ROUERGUE – QUERCY – HAUT-LANGUEDOC

———

Je pourrais entrer par le Rouergue dans la grande vallée du Midi. Cette province en marque le coin d'un accident bien rude. Elle n'est elle-même, sous ses sombres châtaigniers, qu'un énorme monceau de houille, de fer, de cuivre, de plomb. La houille, qui forme les deux tiers de ce département, y brûle en plusieurs lieues, consumée d'incendies séculaires qui n'ont rien de volcanique. Cette terre, maltraitée et du froid et du chaud dans la variété de ses expositions et de ses climats, gercée de précipices, tranchée par deux torrents, le Tarn et l'Aveyron, a peu à envier à l'âpreté des Cévennes. Mais j'aime mieux entrer par Cahors, quoiqu'il doive m'en coûter deux jours à passer pardessus cette rude échine de la France : *Dorsum immane mari summo* (1). C'est bien, en effet, une mer figée que présente le Quercy au midi de la Dordogne. Terre médiocre et sèche, des mamelons dépouillés s'abaissant pour se relever et tremblotant avec une mollesse que dément singulièrement cette aridité. C'est le sein de la femme changé en pierre.

La Dordogne, après avoir contourné ces rudes mamelons au pied desquels se cachent de petites cultures intelligentes, a laissé lestement tout cela comme un cadet de Gascogne laisse la maison paternelle. Elle s'en est allée faire fortune à Bordeaux, tandis que nous traînons et tournons, misérables liliputiens, tout une longue nuit éclairée par la lune qui semble tourner aussi et se jouer de nous. Au matin, nous tombons à Cahors, vieille petite ville entre trois montagnes. Le Lot coule au pied. Là, tout se revêt de vignes. Les mûriers commencent à Montauban, mais l'olivier n'apparaît pas encore, ni même à Toulouse; il demande une température plus méridionale. En revanche, la belle, la grande, la riche plaine (je crois la première du monde), est couverte d'une culture infiniment variée.

On ne voit, nulle part ailleurs, un si éton-

---

(1) Comme nous l'avons dit, ce voyage à travers la France a été fait en diligence, c'est le seul moyen de bien voir le pays.

nant mélange de productions, blé, vignes, maïs, chanvrières, pâturages, arbres fruitiers chargés à rompre le long des routes. Et cette richesse du sol reproduite à l'infini; un paysage de trente ou quarante lieues s'ouvre devant vous, vaste océan d'agriculture, masse animée, confuse, qui se perd au loin dans l'obscur; mais par-dessus, s'élève la forme fantastique des Pyrénées aux têtes d'argent. Le bœuf attelé par les cornes laboure la fertile vallée, la vigne puissante monte à l'orme. A midi un grand orage, et l'immense plaine qui nourrit un million d'hommes fume de vie, la terre est un lac. En une heure, le soleil a tout bu d'un trait.

Généralement les figures, ici, sont fortes, surtout celles des filles du peuple. C'est sans doute la race primitive, galls, tectosages. Cette forte population, placée dans une position unique, a dû donner de grands avantages à ce pays. On sent partout l'aisance. Montauban se découvre en un bel amphithéâtre. Bien assis sur son plateau, bien défendu, en bas, par ses fossés profonds, il arrêta court Louis XIII lorsqu'il vint s'y heurter étourdiment, en essayer le siège. Regardez de là devant vous. Toute la chaîne des Pyrénées va vous apparaître. A une telle distance, cinquante lieues, ce n'est qu'une image flottante, une vague et fuyante apparition. C'est pourtant le réel et la barrière d'un monde, l'inconnu est au delà.

Si, reprenant le voyage, vous appuyez à gauche vers les montagnes, vous trouvez déjà la chèvre suspendue au coteau aride, et le mulet, sous sa charge d'huile, suit à mi-côte le petit sentier. Vous arrivez le soir dans quelque grande et triste ville, si vous voulez Toulouse. Bâtie d'un seul côté du fleuve, la rive solitaire qui n'a pas de quai, vous rappellera le Tibre. A cet accent sonore, vous vous croiriez en Italie ; pour vous détromper, il suffit de regarder ces maisons de bois et de brique ; la parole brusque, l'allure hardie et vive vous rappelleront aussi que vous êtes en France. Les gens aisés du moins sont Français ; le petit peuple est tout autre chose, peut-être Espagnol ou Maure. C'est ici cette vieille Toulouse, si grande sous ses comtes ; sous nos rois, son Parlement lui a donné encore la royauté, la tyrannie du Midi. Ces légistes violents, les Plasian, les Nogaret qui portèrent à Boniface VIII le soufflet de Philippe le Bel, s'en justifièrent souvent aux dépens des hérétiques ; ils en brûlèrent quatre cents en moins d'un siècle. Plus tard, ils se prêtèrent aux vengeances de Richelieu, jugèrent Montmorency et le décapitèrent dans leur belle salle marquée de rouge (1). Ils se glorifiaient d'avoir le Capitole de Rome, et la cave aux morts (2) de Naples, où les cadavres se conservaient si bien. Au Capitole de Toulouse, les archives de la ville étaient gardées dans une armoire de fer, comme celles des flamines romains; et le Sénat gascon avait écrit sur les murs de sa curie : *Videant consules ne quid respublica detrimenti capiat.*

Ne nous arrêtons pas trop longtemps à Saint-Sernin, superbe église de sang. Le chœur et la crypte sont le monument fort sombre de la première croisade (1095). Pour emporter une impression plus douce, reposons-nous un instant sous l'admirable petit cloître de la *Renaissance*, moins grandiose que le Campo santo, mais si joli d'effet, avec ses légères colonnes géminées qui doublent la perspective. L'art ne s'est pas concentré sous ces merveilleux portiques; il est un peu partout à Toulouse, au fond des rues tristes et étroites qu'habitait la noblesse. L'art de la Renaissance a dû être la vocation des Toulousains. On devrait la réveiller en fondant une école de *dessin d'ornements.*

Toulouse est le point central du grand bassin du Midi. C'est là, ou à peu près, que viennent

---

(1) Elle l'était encore au dernier siècle. (Piganiol de la Force.)
(2) On y conservait des morts de cinq cents ans.

les eaux des Pyrénées et des Cévennes, le Tarn et la Garonne, pour s'en aller ensemble à l'Océan. La Garonne, fille joyeuse de la plus sombre des mères, la noire Maladetta, sur sa route, reçoit tout. Les rivières sinueuses et tremblotantes du Limousin et de l'Auvergne y coulent au Nord, par Périgueux, Bergerac; de l'Est et des Cévennes, le Lot, la Viaur, l'Aveyron et le Tarn s'y rendent avec quelques coudes plus ou moins brusques, par Rodez et Alby. Le Nord donne les rivières, le Midi les torrents. Des Pyrénées descend l'Ariège; et la Garonne, déjà grosse du Gers et de la Baize, décrit au nord-ouest une courbe élégante, qu'au midi répète l'Adour dans ses petites proportions. Toulouse sépare à peu près le Languedoc de la Guyenne, ces deux contrées si différentes sous la même latitude.

VIII

DORDOGNE ET GUIENNE

La Garonne passe la vieille Toulouse, le vieux Languedoc romain et gothique, et, grandissant toujours, elle s'épanouit comme une mer en face de la mer, en face de Bordeaux.

Mais la route la plus naturelle pour entrer en Guienne serait, peut-être, celle que j'ai suivie en quittant la mer de brouillards qui marque, sous Angoulême, le cours de ses trois rivières. La Dordogne, où vous entrez bientôt, comprend presque tout le Périgord. Terre pauvre, où le fer vient à la surface, sous les bruyères et les châtaigniers. Horizons restreints, mais pays assez pittoresque,

Sur la route, Brantôme, véritable Pompéï du moyen âge, l'abbaye du sire de Bourdeille, abbé de Brantôme, le cloître sombre, recueilli, chargé des plus élégantes, des plus riches végétations, paré des plus beaux festons de lierre. Dieu veuille que l'on conserve ses ruines! (1) Plus loin, Périgueux, vieille et curieuse ville. Déjà, le pays s'est boisé légèrement; de petites vignes, non soutenues, descendent des mamelons vers de petites prairies. C'est encore la pauvreté, mais non pas triste, plutôt souriante.

Nous avons vu la Dordogne, partie des monts d'Auvergne, tourner les rudes mamelons du Quercy pour descendre au Midi à la rencontre de la Garonne. Ici, nous suivons le cours de l'Isle, jolie rivière qui vient du Limousin. De grosses fermes commencent à paraître, la route peu à peu se peuple de gens de campagne, figures fines et maigres, le teint billeux. Le mouchoir grisette des Bordelaises remplace le respectable bonnet de nos mères. Vous le rencontrez dès Mareuil. Entre Monpont et Libourne d'où l'on découvre, à droite, la plaine de Coutras, commence la richesse du pays, les vastes champs, les vignes fortes, festonnées d'abord en arcades. Elles montent sur les petites collines qui séparent le bassin de la Dordogne du bassin de la Garonne. A mesure qu'on avance, tout prend un air de richesse anglaise ou coloniale.

(1) Écrit en 1835. Il était alors question d'y établir une manufacture de coton.

Enfin, l'immense fleuve, et la ville, sous la forme d'un croissant, Bordeaux, peu à peu se découvre.

Bordeaux longtemps capitale de la France anglaise, plus longtemps anglaise de cœur, est tournée, par l'intérêt de son commerce, vers l'Angleterre, vers l'Océan, vers l'Amérique. La Garonne, disons maintenant la Gironde, y est deux fois plus large que la Tamise à Londres. Lorsqu'elle passe entre les vignobles du Médoc et les moissons de Saintonge, dans une largeur de trois lieues, ce n'est plus un fleuve, c'est une aimable souveraine qui vient s'offrir à son gigantesque époux, le vieil Océan.

L'Aquitaine érigée, par Charlemagne, en royaume au profit de son fils, passa aux Anglais vers le milieu du XIIe siècle par le mariage d'Éléonore de Guienne avec Henri Plantagenet (1). Cette province devait rester trois cents ans étrangère à la France. Les Anglais, pour la mieux garder, la ménageaient fort, l'enrichissaient, achetaient, buvaient ses vins. Bordeaux ne pouvait espérer trouver des maîtres qui en bussent davantage. En redevenant française elle ne pouvait que déchoir. Charles VII, qui la reprit enfin, lui ôta ses privilèges, mais elle resta

---

(1) Voir page 14 ce qui est dit sur l'étendue des possessions françaises du roi d'Angleterre.

capitale, ne dépendit point des Parlements de Paris, de Toulouse. Son Parlement, qui ne tarda pas à être institué, étendit, au contraire, son ressort jusqu'au Limousin, jusqu'à La Rochelle.

Les Anglais, en perdant la Guienne, perdirent leur paradis de France, toutes les bénédictions du Midi, l'olivier, le vin, le soleil.

———

La légèreté spirituelle de la Guienne n'a pas été assez distinguée du fort et dur génie du Languedoc. Il y a pourtant entre ces deux pays la même différence qu'entre les Montagnards et les Girondins, entre Fabre et Barnave, entre le vin fumeux de Lunel et le vin de Bordeaux. La conviction est forte, intolérante en Languedoc, souvent atroce, et l'incrédulité aussi. La Guienne, au contraire, a de bonne heure affecté l'indifférence religieuse. Eudes, l'ancien duc d'Aquitaine et l'adversaire de Charles Martel, donna sa fille à un émir sarrasin. Ce peuple mobile, spirituel, trop habile dans les choses de ce monde, est médiocrement occupé de celles de l'autre.

Le pays de Montaigne et de Montesquieu est celui des croyances flottantes; Fénelon, l'homme le plus religieux qu'ils aient eu, est presque un hérétique. C'est bien pis en avançant vers la

Gascogne, pays de pauvres diables, très nobles et très gueux, de drôles de corps, qui auraient tous dit, comme leur Henri IV : *Paris vaut bien une messe;* ou comme il écrivait à Gabrielle, au moment de l'abjuration : *Je vais faire le saut périlleux.* Ces hommes veulent à tout prix réussir, et réussissent. Les Armagnacs s'allièrent aux Valois; les Albret, mêlés aux Bourbons, ont fini par donner des rois à la France (1).

(1) Pour plus de détails sur les Gascons et les Béarnais, voir plus loin le chapitre sur le Béarn et le pays d'Armagnac.

IX

LES LANDES – LA MER DE GASCOGNE

Quelque belle et riche que soit cette vallée de la Garonne, on ne peut s'y arrêter ; les lointains sommets des Pyrénées ont un trop puissant attrait. Mais le chemin est sérieux. Soit que vous preniez par Nérac, triste seigneurie des Albret où Marguerite de Navarre et son petit fils Henri IV, roi sans royaume, tinrent souvent leur cour ; soit que vous cheminiez le long de la côte, vous ne voyez qu'un océan de landes ; tout au plus des arbres à liège, de vastes *pinadas*, route sombre et solitaire, sans autre compagnie que les troupeaux de moutons noirs qui suivent leur éternel voyage des Pyrénées aux Landes, et vont, des montagnes à la plaine, chercher la chaleur au Nord, sous la conduite du pasteur landais. Le teint fiévreux, encapuchonné de brun, il les suit monté sur ses hautes échasses, tant que durent les sables mouvants.

La vie voyageuse des bergers est un des caractères pittoresques du Midi. Vous les rencontrez montant les plaines du Languedoc aux Cévennes, aux Pyrénées, et de la Crau provençale aux montagnes de Gap et de Barcelonnette. L'émigration des moutons est presque aussi grande sur ce point de la Provence qu'en Espagne. Ces nomades qui les conduisent, portant tout avec eux, compagnons des étoiles, dans leur éternelle solitude, demi-astronomes et demi-sorciers, continuent la vie asiatique, la vie de Lot et d'Abraham, au milieu de notre Occident. Mais en France les laboureurs, qui redoutent leur passage, les resserrent dans d'étroites routes. C'est aux Apennins, aux plaines de la Pouille ou de la campagne de Rome, qu'il faut les voir marcher dans la liberté du monde antique. En Espagne, ils règnent, ils dévastent impunément le pays. Sous la protection de la toute-puissante compagnie de la *Mesta*, qui emploie de quarante à soixante mille bergers, le triomphant mérinos mange la contrée, de l'Estramadure à la Navarre, à l'Aragon. Le berger espagnol, plus farouche que le nôtre, a lui-même l'aspect d'une de ses bêtes, avec sa peau de mouton sur le dos, et aux jambes son *abarca* de peau velue de bœuf, qu'il attache avec des cordes.

Le voyageur qui a traîné ou plutôt navigué péniblement, tristement, toute une nuit sur la mer grise des sables mouvants, s'étonne, au matin, de trouver au bout du désert morne, une grande ville riche et vivante, toute moderne. C'est la capitale des Landes : Mont-de-Marsan. Rien pourtant ne nous y arrêtera. Fondée par Charlemagne, détruite plus tard par les Normands, voilà tout son passé, son histoire.

L'intérêt est plus bas. Aux deux extrémités de la France, à la pointe de Bretagne, au fond du golfe de Gascogne, la terre et la mer, mises en présence, se combattent avec fureur.

Adoucie aux basses îles du Morbihan, elle descendait plus calme ; mais la voilà de nouveau contrariée et mise de mauvaise humeur par la triste barrière des boues de Charente ; puis, après Bordeaux, Arcachon, par la barre fixe des sables qui, sur une longueur de quarante lieues, la force d'aller droit devant elle, sans dévier, pressant le flot sur le flot jusqu'à ce que tout à coup il tombe avec toutes ses forces accumulées dans l'impasse, le gouffre d'où il semble qu'il ne pourra ressortir jamais. Le golfe de Gascogne, de Cordouan à Biarritz, est une mer de contradiction, une énigme de combat. En arrivant au fond du golfe où l'eau s'engouffre comme au fond d'un gigantesque entonnoir, le flot échappé de là, on ne sait comment, dans une pression épouvantable, remonte à des hauteurs dont nos mers ne donnent aucun autre exemple. Quand la houle monstrueuse est poussée par le vent du Nord, elle écrase Saint-Jean-de-Luz de tout son poids. Un jour, la pauvre petite ville ainsi assommée ne reparut plus ; elle resta engloutie enterrée dans le sable. On peut en voir les derniers vestiges quand les vents de tempête bouleversent la longue grève et mettent à nu ces ossements de pierre.

La mer et la montagne ont, ici, toutes leurs illusions. Rien de plus imaginatif que les hommes de ce rivage, amants de l'impossible, chercheurs acharnés du péril aux abimes des monts, aux sombres mers des pôles (1). Ils pouvaient courir sans en trouver de pire que la leur, *la côte des fous*. Les monts secondaires qui s'y dressent, tel fantasquement découpé, tel demi-ruiné, pendant et menaçant, ont des airs chimériques. Au pied, les grandes landes peuplées la nuit de visions, étaient au moyen âge, les temples du Sabbat.

(1) Les **Basques**. Nous y reviendrons au chapitre des Pyrénées.

X

LE BÉARN – LE PAYS D'ARMAGNAC

LE BÉARN

Ce n'est ni de Saint-Jean-de-Luz, ni de Bayonne, assise au repos sur sa baie tranquille, que nous aurons la première vision des Pyrénées. On en est trop près. On les touche presque, mais on ne les voit pas.

De Pau, qui s'en éloigne, nous découvrirons au contraire à l'horizon leur vaste panorama (1). Grandiose dans la lumière du jour, le matin, aux premières lueurs de l'aube dont s'éclairent les glaciers, il devient fantastique. Au premier plan, en contraste avec les monts sublimes, les vignes du Jurançon, vin fin dont

---

(1) Pau, avec ses ponts jetés sur les rues, rappelle Edimbourg ; on y trouve les Pyrénées en plus, la mer en moins.

Henri IV connut le goût avant celui du lait de sa mère.

Si vous arrivez à Pau un dimanche, vous verrez toute la population sur les places. L'Espagnol s'y mêle, pieds nus ou chaussé de spartilles, gravement drappé dans son manteau brun qui ne le quitte jamais. L'Espagnole, vêtue de rouge et de noir, suit, là-bas, la procession dans une dévotion à la sainte Thérèse. — Vous reconnaîtrez bien vite le Béarnais à sa petite taille, à sa politesse excessive. Tous vous saluent en Béarn. C'est toujours Henri IV pour la parole vive, tous les dehors de l'amitié sans réalité (et pourtant sans fausseté), nulle grossièreté gasconne.

La femme est ici moins fine qu'à Bayonne, le pas est un peu plus lourd. Mais ce n'est pas à Pau qu'il faut chercher la vraie béarnaise; vous la rencontrerez plutôt à l'entrée de la vallée d'Osseau, suivant l'étroit sentier sur son cheval assise à la *murillo* avec le morceau de drap plié sur la tête pour coiffure, comme si les hommes avaient compris l'importance de la loi salique : *mulier discapilata*. Cette figure sévère, affinée par la maigreur, ce vieux costume noir, quasi monastique, vous reculent de deux siècles. N'est-ce pas Jeanne d'Albret chevauchant à travers son pauvre royaume de Navarre ?

La dynastie des vicomtes du Béarn a commencé au Xe siècle ; ils se reconnaissaient vassaux immédiats des comtes de Gascogne, gascons comme eux, mais avec plus de finesse. Le possesseur du Béarn au XVe siècle est Jean d'Albret ; son fils, en épousant Marguerite d'Alençon, grand'mère d'Henri IV, prépare la réunion de la Navarre à la couronne. Mais les villes, en se donnant au roi entendaient bien continuer à vivre de leur vie indépendante. Le Béarnais, en vrai gascon, trouva, pour les rassurer, le mot heureux que l'on sait et qui sauva tout : « Je ne donne pas le Béarn à la France, mais la France au Béarn » (1).

Il n'y aurait à redire, de ces Gascons-béar-

(1) Ce besoin d'indépendance ne s'est pas éteint. Je l'ai retrouvé aussi vif quand j'ai visité, en 1835, les archives de Pau qu'on était en train d'extraire de la Tour Gaston-Phœbus. — Cette tour, divisée en trois étages, a été longtemps une prison où les condamnés attendaient leur départ pour le bagne. Une femme d'Orthez, qui avait empoisonné son mari, y resta cinq mois enchaînée contre la muraille avec une chaîne de fer. Elle vivait dans une obscurité complète, couchait dans ses excréments qui filtraient par le plancher et mouillaient, salissaient les archives placées au-dessous, au rez-de-chaussée. Elle partie, d'autres condamnés vinrent prendre sa place, et l'œuvre de destruction continua. On commença à s'inquiéter l'année même où je passai à Pau. Pour extraire tous ces papiers du fumier où ils gisaient, il fallait les remuer à la fourche. Beaucoup de liasses étaient devenues illisibles. Les sections de Navarre étaient celles qui avaient le plus souffert. Le préfet eût voulu adjoindre un élève de l'Ecole des Chartes à l'homme patient qui faisait sans dégoût cette rebutante besogne. M. P..., voyant déjà ses archives s'acheminer sur Paris, prit peur, s'émut, refusa. « Qu'en ceci du moins, écrivit-il, le Béarn soit encore indépendant de la France. »

nais, que leur petite taille. Mais ces petits hommes noirs et brûlés, à méchantes mines, ont été les meilleurs marcheurs de l'Europe, pleins de feu, d'esprit, de ressources, d'une main leste et vive qui tirait dix coups pour un seul, comme on le vit au XV⁰ siècle quand la France les mena en Italie.

Il fallait bien qu'ils fussent gens de ressources ayant à courir le monde. Le droit d'aînesse régnait en Gascogne. L'aîné restait fièrement au Castel, sur sa roche, sans vassal que lui-même et se servant par simplicité. Les cadets s'en allaient gaiement devant eux, tant que la terre s'étendait, bons piétons, comme on sait, allant à pied par goût tant qu'ils ne trouvaient pas un cheval, riches d'une épée de famille, d'un nom sonore et d'une cape percée ; du reste, nobles comme le roi, c'est-à-dire comme lui sans fiefs.

Ce portrait du Gascon du Midi pour être vieux, n'est pas moins ressemblant. Il en reste quelque chose. Alors, aujourd'hui et toujours, ces gens ont exploité de préférence un fond excellent, la simplicité et la pesanteur des hommes du Nord. Aussi, émigraient-ils volontiers. Ce n'était pas pour bâtir comme les Limousins, ni pour vendre comme les gens d'Auvergne. Les Gascons ne vendaient qu'eux-mêmes comme soldats, comme domestiques des princes ; ils servaient pour devenir maîtres. Ne leur parlez pas d'être ouvriers ou marchand ; ministres ou rois, à la bonne heure. En hommes honnêtes et modérés, un petit royaume leur suffirait. Tout le monde ne peut pas, comme le *meunier du moulin de Barbaste*, gagner Paris pour une messe.

LE PAYS D'ARMAGNAC

Nous n'en avons pas encore fini avec les Gascons. Cette grande province est presque un royaume pour l'étendue.

Tout près d'Auch, capitale de la Gascogne, vous trouverez des Gascons d'une autre race. Si vous descendez du Nord, vous rencontrez par de là Bordeaux et Toulouse, au coin de l'Aquitaine, en face du Rouergue, un petit pays dont le nom a résumé toutes les haines du Midi et du Nord. Ce nom tragique est celui d'Armagnac. Rude pays, vineux il est vrai, mais sous les grêles de la montagne, souvent fertile, souvent frappé. Ces gens d'Armagnac, de Fézenzac, moins pauvres que ceux des Landes, furent pourtant plus inquiets. Persécuteurs assidus des églises, surtout pour les piller, excommuniés de générations en générations, ce qui ne les troublait guère, ils vécurent la plupart en vrais fils du Diable.

Saint Louis leur donna plus d'une leçon sévère; ils finirent par comprendre qu'ils gagneraient plus à servir les rois de France et devinrent les capitaines du Midi au service de la royauté. Battant, battus, toujours en armes, poussant la guerre avec une violence inconnue jusque-là, coupant le pied, le poing à ceux qui refusaient de les suivre. Nos rois les comblèrent, les firent généraux, conétables et presque rois. L'un d'eux, tint un moment Paris et Charles VI et le Dauphin (1). Sa police était rapide, à l'italienne. Défense de se baigner dans la Seine, comme à Venise de nager dans le canal d'Orfano, pour qu'on n'allât pas compter les noyés. Celui-ci fut massacré par le peuple. Louis XI se chargea, plus tard, des autres exécutions. Il atteignit dans son repaire même de Lectoure, le bâtard d'Armagnac occupé à mettre l'Anglais dans les places qu'il lui avait confiées; il l'y fit poignarder pour qu'il ne trahit plus.

(1) Bernard VII.

XI

LES PYRÉNÉES

Ces filles du feu n'ont pas la jeunesse et les abondantes eaux des Alpes. Ce n'est pas non plus comme les Alpes un système compliqué de pics et de vallées, c'est tout simplement un mur redoutable, austère, ininterrompu, une barre entre l'Europe et l'Afrique. Divorce absolu, tranché, que nulle gradation ne prépare. Si, parti de Toulouse, par-dessus les Pyrénées leur rapide versant du Midi, vous tombez à Saragosse, vous avez franchi un monde.

Ce mur immense s'abaisse aux deux bouts. Tout autre passage est inaccessible aux voitures, et fermé au mulet, à l'homme même, pendant six ou huit mois de l'année. Deux peuples à part, qui ne sont réellement ni Espagnols ni Français, les Basques à l'ouest, à l'est les Catalans et Roussillonnais, sont les portiers des deux mondes. Ils ouvrent et ferment ; portiers irritables et capricieux, las de l'éternel passage des nations, ils ouvrent à Abdérame, ils ferment à Roland ; il y a bien des tombeaux entre Roncevaux et la Seu d'Urgel.

Ce n'est pas à l'historien qu'il appartient de décrire et d'expliquer les Pyrénées. Elle est venue la science de Cuvier, d'Elie de Baumont pour raconter cette histoire antéhistorique.

Ils y étaient eux, et moi je n'y étais pas, quand la nature improvisa sa prodigieuse épopée géologique, quand la masse embrasée du globe souleva l'axe des Pyrénées, quand les monts se fendirent, et que la terre, dans la torture d'un titanique enfantement, poussa contre le ciel la noire et chauve *Maladetta*. Cependant une main consolante revêtit peu à peu les plaies de la montagne de ces vertes prairies, qui font pâlir celles des Alpes. Les pics s'émoussèrent et s'arrondirent en belles tours ; des masses inférieures vinrent adoucir les pentes abruptes, en retardèrent la rapidité, et formèrent du côté de la France cet escalier colossal dont chaque gradin est un mont.

Avec des pics moins élevés, dans leur continuité, les Pyrénées sont plus hautes que les Alpes. Moins compliquées, elles imposent par leur simplicité grandiose et de style sublime. Amphithéâtre gigantesque, étagé, il semble, par la nature pour une grande fête, non pas olympiaque, non pas séculaire, mais éternelle. Leur magie à ces monts, est dans la lumière, dans les ardentes couleurs, dans les éclairs fantastiques dont les couronne, à toute heure, ce monde âpre du Midi qu'ils cachent, qu'on voudrait voir.

Montons donc, non pas au Vignemale, non pas au Mont-Perdu (1), mais seulement au port de Paillers, où les eaux se partagent entre les deux mers, ou bien entre Bagnère et Barèges, entre le beau et le sublime (2). Là vous saisirez la fantastique beauté des Pyrénées, ces sites étranges, incompatibles, réunis par une inexplicable féerie, et cette atmosphère magique, qui tour à tour rapproche, éloigne les objets; ces gaves écumants ou vert d'eau, ces prairies d'émeraude en contraste avec les ruines. Mais bientôt succède l'horreur sauvage des grandes montagnes, qui se cachent derrière, comme un monstre sous un masque de belle jeune fille.

(1) On sait que le grand poète des Pyrénées, Ramond, a cherché le Mont-Perdu pendant dix ans. C'est la plus haute montagne des Pyrénées françaises, comme le Vignemale, la plus haute des Pyrénées espagnoles.

(2) C'est entre ces deux vallées, sur le plateau appelé la *Hourquette des cinq Ours*, que le vieil astronome Plantade expira près de son quart de cercle, en s'écriant : « Grand Dieu! que cela est beau! »

N'importe, persistons, engageons-nous le long du gave de Pau, par ce triste passage, à travers ces entassements infinis de blocs de trois et quatre mille pieds cubes ; puis les rochers aigus, les neiges permanentes, puis les détours du gave, battu, rembarré durement d'un mont à l'autre ; enfin le prodigieux Cirque et ses tours dans le ciel. Au pied, douze sources alimentent le gave, qui mugit sous des *ponts de neige*, et cependant tombe de treize cents pieds, la plus haute cascade de l'ancien monde (1).

Ici finit la France. Le port de Gavarnie, que vous voyez là-haut, ce passage tempétueux, où, comme ils disent, le fils n'attend pas le père, c'est la porte de l'Espagne. Une immense poésie historique plane sur cette limite des deux mondes, où vous pourriez voir à votre choix, si le regard était assez perçant, Toulouse ou Saragosse. Cette embrasure de trois cents pieds dans les montagnes, Roland l'ouvrit en deux coups de sa durandal. C'est le symbole du combat éternel de la France et de l'Espagne, qui n'est autre que celui de l'Europe et de l'Afrique. Roland périt, mais la France a vaincu. Il consacre de son tombeau la limite de la patrie. Grande comme la lutte, haute comme l'hé-

(1) La cascade de Gavarnie a douze cent soixante-dix pieds de hauteur. (Dralet.)

roïsme est la tombe du héros, son gigantesque tumulus ; ce sont les Pyrénées elles-mêmes.

De la hauteur où nous sommes parvenus, comparez les deux versants : combien le nôtre a l'avantage. Le versant espagnol, exposé au midi, est tout autrement abrupte, sec et sauvage ; le français, en pente douce, mieux ombragé, couvert de belles prairies, fournit à l'autre une grande partie des bestiaux dont il a besoin. Barcelone vit de nos bœufs. Ce pays de pâturages est obligé d'acheter nos troupeaux. Là, le beau ciel, et l'indigence : ici, la brume et la pluie, mais le travail, l'intelligence, la richesse et la liberté. Passez la frontière, comparez nos routes splendides et leurs âpres sentiers. « Entre Jonquières et Perpignan, sans passer une ville, une barrière, ou même une muraille, on entre dans un nouveau monde. Des pauvres et misérables routes de la Catalogne, vous passez tout d'un coup sur une noble chaussée, faite avec toute la solidité et la magnificence qui distinguent les grands chemins de France ; au lieu de ravines, il y a des ponts bien bâtis ; ce n'est plus un pays sauvage, désert et pauvre » (1).

Nulle part autant qu'aux Pyrénées on ne se

---

(1) Yung.

sent en rapport avec l'âme de la terre. Les grands travaux de la montagne qui se fait, s'élabore elle-même, — ces choses ailleurs cachées, — sont ici manifestes. C'est sous la ruine même, suspendue, menaçante qu'on vient chercher la vie. L'homme est admis par grâce en ces grands laboratoires des forces de la nature. Quiconque y vient non prévenu est saisi.

Il n'est pas nécessaire de monter jusqu'à Cauterets, Barèges pour avoir la forte impression. Engagez-vous seulement dans la vallée profonde qui mène de Pau aux *Eaux-Chaudes*. La voiture violente et rude, les petits chevaux continuellement battus, surmenés qui vont bride abattue dans une route étroite, tortueuse, au risque d'écraser les bœufs et les piétons, le bruit strident des sonnettes, les claquements du fouet du postillon qui font écho dans les cavernes, cette descente rapide au fond de l'immense entonnoir donnent le vertige. La nature et l'homme ont l'air de se combattre. J'ai suivi moi-même ce chemin, un soir, sous la menace de l'orage. Les pâles éclairs dont s'illuminaient les roches, déjà fendues par la foudre, faisaient paraitre après, plus mélancolique le déclin du jour. Quand notre voiture allait moins vite, les paysans que nous croisions, nous disaient : *bonsoir*, avec un accent singulièrement doux et triste. Ce salut dans cette âpre solitude, à l'approche de l'orage, avait quelque chose d'aimable et toutefois de solonnel ; la paix fraternelle de l'homme au milieu de la guerre des éléments.

Le gave de Pau qui suit la route, descend à grand bruit de la montagne. Souvent il devient très profond, paraît paisible, fait le mort, comme pour rassurer. Mais un obstacle survient, une roche percée fait gouffre, il se réveille, il y entre, il en ressort pour se précipiter encore avec une insatiable fureur d'aller, de s'abîmer en hauteur et profondeur. Le mouvement est si violent que le flot en est crispé ; c'est un énorme serpent bleuâtre qui d'angoisse, tord ses anneaux. Devenu invisible, il vous avertit qu'il est là ; du fond du gouffre s'élève un grand bruit, une clameur confuse. Détail charmant, une jolie cascade descend naïvement et vient sans embarras, par un chemin effrayant à la rencontre du torrent farouche qui n'en semble ni augmenté, ni adouci.

Il devait y avoir foire le lendemain à Oloron. L'Espagnol leste et sérieux suivait son mulet chargé de peaux ; le Béarnais aux cheveux plats, à cheval, poussait devant lui ses petits bœufs. D'autres montagnards à pied, très bien faits, et le pas allongé, les vieux comme les jeunes, descendaient ou remontaient lestement les pentes abruptes. Chaque montagnard fait le voyage pour vendre sa bête. Il ne se fie à personne. Vingt bergers à cheval, pour vingt bœufs, tous en costumes pittoresques, vestes rouges, brunes, noires, culottes courtes.

Mais celui qui veut voir toutes les races et tous les costumes des Pyrénées, c'est aux foires de Tarbes qu'il doit aller. Il y vient près de dix mille âmes : on s'y rend de plus de vingt lieues. Là, au milieu d'innombrables attelages de bœufs qui donnent à ce vaste marché l'effet d'un camp cimbrique, vous trouvez souvent à la fois le bonnet blanc du Bigorre, le brun de Foix, le rouge du Roussillon, quelquefois même le grand chapeau plat d'Aragon, le chapeau rond de Navarre, le bonnet pointu de Biscaye (1). Le voiturier basque y viendra sur son âne, avec

---

(1) « Le Béarnais est réputé avoir plus de finesse et de courtoisie que le Bigordan, qui l'emporterait pour la franchise et la simple droiture mêlée d'un peu de rudesse. » (Dralet, I, 170.) « Ces deux peuples *ont d'ailleurs peu de ressemblance*. Le Béarnais, forcé par les neiges de mener ses troupeaux dans les pays de plaine, y polit ses mœurs et perd de sa rudesse naturelle. Devenu fin, dissimulé et curieux, il conserve néanmoins sa fierté et son amour de l'indépendance... Le Béarnais est irascible et vindicatif autant que spirituel; mais la crainte de la flétrissure et de la perte de ses biens le fait recourir aux moyens judiciaires pour satisfaire ses ressentiments. Il en est de même des autres peuples des Pyrénées, depuis le Béarn jusqu'à la Méditerranée : tous sont plus ou moins processifs, et l'on ne voit nulle part autant d'hommes de loi que dans les villes du Bigorre, du Comminges, du Couserans, du comté de Foix et du Roussillon, qui sont bâties le long de cette chaîne de montagnes.

sa longue voiture à trois chevaux; il porte le berret du Béarn ; mais vous distinguerez bien vite le Béarnais et le Basque ; le joli petit homme sémillant de la plaine, qui a la langue si prompte, la main aussi, et le fils de la montagne, qui la mesure rapidement de ses grandes jambes, agriculteur habile et fier de sa nation, dont il porte le nom. Si vous voulez trouver quelque analogue au Basque, c'est chez les Celtes de Bretagne, d'Écosse et d'Irlande qu'il faut le chercher. Le Basque, aîné des races de l'Occident, immuable au coin des Pyrénées, a vu toutes les nations passer devant lui : Carthaginois, Celtes, Romains, Goths et Sarrasins. Nos jeunes antiquités lui font pitié. Un Montmorency disait à l'un d'eux: « Savez-vous que nous datons de mille ans ? — Et nous, dit le Basque, nous ne datons plus. »

Serrés longtemps dans leurs roches par leurs ennemis, ces géants de la montagne descendirent peu à peu parmi les petits hommes du Béarn, dans leurs grosses capes rouges et chaussés de l'arbaca de crin, hommes, femmes, enfants, troupeaux, s'avançant vers le Nord. Les Landes sont un vaste chemin. Ils venaient réclamer leur part des belles provinces sur tant d'usurpateurs qui s'étaient succédé. Au VIIe siècle, dans la dissolution de l'empire neustrien, cette race antique a renouvelé l'Aquitaine et l'a un moment possédée.

Elle y a laissé pour souvenir le nom de Gascogne. Refoulée en Espagne au IX⁰ siècle, elle y fonda le royaume de Navarre, et en deux cents ans, elle occupa tous les trônes chrétiens d'Espagne (Galice, Asturies et Léon, Aragon, Castille). Mais la croisade espagnole poussant vers le Midi, les Navarrois, isolés du théâtre de la gloire européenne, perdirent tout peu à peu. Leur dernier roi, Sanche l'*Enfermé*, qui mourut d'un cancer, est le vrai symbole des destinées de son peuple. Enfermée en effet dans ses montagnes par des peuples puissants, rongée pour ainsi dire par les progrès de l'Espagne et de la France, la Navarre implora même les musulmans d'Afrique, et finit par se donner aux Français. Sanche anéantit son royaume en le léguant à son gendre Thibault, comte de Champagne ; c'est Roland brisant sa durandal pour la soustraire à l'ennemi. La maison de Barcelone, tige des rois d'Aragon et des comtes de Foix, saisit la Navarre à son tour, la donna un instant aux Albret, aux Bourbons, qui perdirent la Navarre pour gagner la France. Mais par un petit-fils de Louis XIV, descendu de Henri IV, ils reprirent non seulement la Navarre, mais l'Espagne entière. Ainsi se vérifia l'inscription mystérieuse du château de Coaraze, où fut élevé Henri IV : *Lo que a de ser no puede faltar :* « Ce qui doit être ne peut manquer. » Nos rois se sont intitulés rois de France et de Navarre. C'est une belle expression des origines primitives de la population française comme de la dynastie.

Les vieilles races, les races pures, les Celtes et les Basques, la Bretagne et la Navarre, devaient céder aux races mixtes, la frontière au centre, la nature à la civilisation. Les Pyrénées présentent partout cette image du dépérissement de l'ancien monde. L'antiquité y a disparu ; le moyen âge s'y meurt. Ces châteaux croulants, ces tours *des Maures*, ces ossements des Templiers qu'on garde à Gavarnie, y figurent, d'une manière toute significative, le monde qui s'en va. La montagne elle-même, semble aujourd'hui attaquée dans son existence. Les cimes décharnées qui la couronnent témoignent de sa caducité (1). Ce n'est pas en vain qu'elle est frappée de tant d'orages ; et d'en bas l'homme y aide. Cette profonde ceinture de forêts qui couvraient la nudité de la vieille mère, il l'arrache chaque jour. Les terres végétales, que le gramen

---

(1) Plusieurs espèces animales disparaissent des Pyrénées. Le chat sauvage y est devenu rare ; le cerf en a disparu depuis deux cents ans, selon Buffon.

retenait sur les pentes, coulent en bas avec les eaux. Le rocher reste nu ; gercé, exfolié par le chaud, par le froid, miné par la fonte des neiges, il est emporté par les avalanches. Au lieu d'un riche pâturage, il reste un sol aride et ruiné : le laboureur, qui a chassé le berger, n'y gagne rien lui-même. Les eaux, qui filtraient doucement dans la vallée à travers le gazon et les forêts, y tombent maintenant en torrents, et vont couvrir ses champs des ruines qu'il a faites. Quantité de hameaux ont quitté les hautes vallées faute de bois de chauffage, et reculé vers la France, fuyant leurs propres dévastations.

Dès 1673, on s'alarma. Il fut ordonné à chaque habitant de planter tous les ans un arbre dans les forêts du domaine, deux dans les terrains communaux. Des forestiers furent établis. En 1669, en 1756, et plus tard, de nouveaux règlements attestèrent l'effroi qu'inspirait le progrès du mal. Mais à la Révolution, toute barrière tomba ; la population pauvre commença d'ensemble cette œuvre de destruction. Ils escaladèrent, le feu et la bêche en main, jusqu'au nid des aigles, cultivèrent l'abîme, pendus à une corde.

Les arbres furent sacrifiés aux moindres usages ; on abattait deux pins pour faire une paire de sabots (1). En même temps le petit bétail, se multipliant sans nombre, s'établit dans la forêt, blessant les arbres, les arbrisseaux, les jeunes pousses, dévorant l'espérance. La chèvre surtout, la bête de celui qui ne possède rien, bête aventureuse, qui vit sur le commun, animal niveleur, fut l'instrument de cette invasion dévastatrice, la Terreur du désert. Ce ne fut pas le moindre des travaux de Bonaparte de combattre ces monstres rongeants. Il n'a pu arrêter pourtant cette guerre contre la nature.

1) Dralet.

XII

LE ROUSSILLON — LE BAS LANGUEDOC

Tout ce Midi, si beau, c'est néanmoins, comparé au Nord, un pays de ruines. Passez les paysages fantastiques de Saint-Bertrand de Comminges et de Foix, ces villes qu'on dirait jetées là par les fées ; passez notre petite Espagne de France, le Roussillon, ses vertes prairies, ses brebis noires, ses romances catalanes, si douces à recueillir le soir de la bouche des filles du pays. Descendez dans ce pierreux Languedoc, suivez-en les collines mal ombragées d'oliviers, au chant monotone de la cigale. Là, point de rivières navigables ; le canal des deux mers n'a pas suffi pour y suppléer ; mais entre l'Hérault et le Rhône, entre les racines volcaniques des Cévennes qui viennent se plonger dans la mer, force étangs salés, des terres salées aussi, où ne croît que le salicor (1); d'innombrables sources thermales, du bitume et du baume, c'est une autre Judée, avec les marais stagnants qui rappellent l'immobilité morne de la Mer Morte. Il ne tenait qu'aux rabbins des écoles juives de Narbonne de se croire dans leur pays. L'élément sémitique, juif et arabe, était fort d'ailleurs en Languedoc. Maltraités, mais pourtant soufferts, ils fleurissaient également à Carcassonne, à Montpellier, à Nîmes, et formaient le lien entre les chrétiens et les mahométans, entre la France et l'Espagne. Montpellier était plus liée avec Salerne et Cordoue qu'avec Rome. Un commerce actif associait tous ces peuples, rapprochés plus que séparés par la mer. Depuis les Croisades surtout, le haut Languedoc s'était comme incliné à la Méditerranée et tourné vers l'Orient. Les comtes de Toulouse étaient comtes de Tripoli.

Cette Judée de la France n'avait pas même à regretter la lèpre asiatique. Nous en avons eu des exemples à Carcassonne.

C'est que, malgré le *cers* occidental, le Mistral violent et salubre auquel Auguste dressa un autel, le vent chaud, lourd et putréfiant d'Afri-

---

(1) L'arrondissement de Narbonne en fournit la manufacture des glaces de Venise.

que, l'*Autan* pèse, sur ce pays. Les plaies aux jambes guérissent difficilement à Narbonne.

La plupart de ces villes sombres, dans les plus belles situations du monde, ont autour d'elles des plaines insalubres : Albi, Lodève, Agde *la noire*, à côté de son cratère, et bâtie elle-même de ses laves. Toute la plage est volcanique, rongée de salines, de canaux insalubres, de marais fiévreux. Montpellier, héritière de feue Maguelone dont les ruines sont à côté, Montpellier, qui voit à son choix les Pyrénées, les Cévennes, les Alpes même, a près d'elle et sous elle une terre équivoque, couverte de fleurs, tout aromatique, et comme profondément médicamentée; ville de médecine, de parfums et de vert-de-gris (1).

C'est une bien vieille terre que ce Languedoc. Vous y trouverez partout les ruines sous les ruines; les Camisards de Louis XIV sur les Albigeois, de Simon de Montfort, les Sarrasins sur les Goths, sous ceux-ci les Romains, les Ibères. Les murs de Narbonne, qui fut longtemps la capitale des Sarrasins, sont bâtis de tombeaux, de statues, d'inscriptions. L'amphithéâtre de Nîmes est percé d'embrasures gothiques, couronné de créneaux sarrasins, noirci par les

---

(1) Autrefois Montpellier fabriquait seule le vert-de-gris; on croyait que les caves de Montpellier y étaient seules propres.

flammes de Charles-Martel. Mais ce sont encore les plus vieux qui ont le plus laissé ; les Romains ont enfoncé la plus profonde trace ; leur maison carrée, leur triple pont du Gard, leur énorme canal de Narbonne qui recevait les plus grands vaisseaux.

Ces monuments romains au milieu d'un paysage de cailloux, plutôt mesquin, y paraissent toujours en étrangers sous un aspect souverain et grandiose. Les vrais monuments du pays, qui en donneraient le génie sombre, seraient les forts du moyen âge ; mais on a détruit soigneusement, pendant les guerres de religion, ces asiles du protestantisme.

Le droit romain est bien une autre ruine, et tout autrement imposante que le pont du Gard. C'est à lui, aux vieilles franchises qui l'accompagnaient, que le Languedoc, république sous un comte, a dû de faire exception à la maxime féodale : Nulle terre sans seigneur. Ici la présomption était toujours pour la liberté. La féodalité ne put s'y introduire qu'à la faveur de la croisade, comme auxiliaire de l'Église, comme *familière* de l'Inquisition. Simon de Montfort, après sa conquête sur les Albigeois, y établit quatre cent trente-quatre fiefs. Mais cette colonie féodale, gouvernée par la Coutume de Paris, n'a fait que préparer l'esprit républicain de la province à la centralisation monarchique. Les nouveaux possesseurs ne savaient que faire de ces dépouilles hérétiques et doutaient de les conserver s'ils ne s'assuraient un puissant protecteur, le roi de France. Tout le Midi, sauf quelques villes libres, — après la mort de l'usurpateur, — se jeta dans les bras de Philippe-Auguste.

Pays de liberté politique et de servitude religieuse, plus fanatique que dévot, le Languedoc a toujours nourri un vigoureux esprit d'opposition. Les catholiques même y ont eu leur protestantisme sous la forme janséniste. Aujourd'hui encore, à Alet, on gratte le tombeau de Pavillon, pour en boire la cendre qui guérit la fièvre. Les Pyrénées ont toujours fourni des hérétiques, depuis Vigilance et Félix d'Urgel. Le plus obstiné des sceptiques, celui qui a cru le plus au doute, Bayle, est de Carlat. De Limoux, les Chénier; de Carcassonne, Fabre d'Églantine. Au moins l'on ne refusera pas à cette population la vivacité et l'énergie. Énergie meurtrière, violence tragique. Un vent desséchant passe sur ces plaines et tend les nerfs à l'excès. A la moindre occasion, il y a émeute sans que l'on sache pourquoi. Cette terre passionnée qui porte la trace de tant de révolutions a été longtemps le vrai mélange des peuples, la vraie Babel. Le

Languedoc, placé au coude du Midi, de la grande route d'Espagne, de France et d'Italie, présenta au moyen âge une singulière fusion de sang ibérien, gothique et romain, sarrasin et gothique. Il n'y avait guère de nobles de Languedoc qui, en remontant un peu, ne rencontrassent dans leur généalogie, quelque grand'mère sarrasine ou juive.

Ces éléments divers formaient de dures oppositions. Par ce coude qui semble l'articulation, le nœud de la contrée, il a été souvent froissé dans la lutte des croyances et des races. Là devait avoir lieu, légitimement, le grand combat. Quelles croyances? On pourrait dire toutes. Ceux même qui les combattirent ne surent rien distinguer et ne trouvèrent d'autres moyens de désigner ces fils de la confusion que par le nom d'une ville : *Albigeois.*

L'espace manque pour raconter l'effroyable catastrophe du XIIIe siècle qui ruina les riches campagnes du Languedoc, ces cités opulentes, Béziers, Carcassonne, prises, pillées, brûlées... A Béziers, dit la chronique, « il n'y demeura chose vivante. Les cloches de Saint-Nazaire tintèrent le glas jusqu'à ce que tout le monde fût mort ». Les hérétiques de Toulouse furent traités comme ceux de Béziers et de Carcassonne.

Le Nord et le Midi se trouvaient en présence

pour se haïr. Le Midi s'était montré au Nord sous l'aspect le plus choquant, esprit mercantile plus que chevaleresque, dédaigneuse opulence, légèreté moqueuse, danses et costumes moresques, figures sarrasines. Les aliments même étaient un sujet d'éloignement entre les deux races ; les mangeurs d'ail, d'huile et de figues rappelaient aux croisés l'impureté du sang moresque, asiatique, le Languedoc leur semblait une autre Judée.

Aujourd'hui encore, entre Nimes, la race ardente, énergique, violente de la contrée, et la montagne de Nimes, il y a une haine traditionnelle, qui, il est vrai, tient de moins en moins à la religion : ce sont les Guelfes et les Gibelins. Ces Cévennes sont si pauvres et si rudes ; il n'est pas étonnant qu'au point de contact avec la riche contrée de la plaine, il y ait un choc plein de violence et de rage envieuse. L'histoire de Nîmes n'est qu'un combat de taureaux.

XIII

LES CÉVENNES – LE VIVARAIS

LES CÉVENNES

D'Anduze, métropole des premières guerres cévenoles sous Louis XIII, ou bien encore d'Alais, des hauts fournaux rougissants de la Grand'Combe, vous pouvez remonter au Nord. Mais, soit que vous vous engagiez dans les défilés de la montagne par la rude route de la Lozère qui met deux jours et une nuit pour vous descendre dans la sombre Mende (un puits dans la montagne); soit que vous préfériez la montée plus facile d'Aubenas qui mène en Vivarais, vous cheminez toujours sur la vieille terre de Languedoc. La tragique histoire de la montagne et celle de la plaine, restent pour toujours indissolublement liées l'une à l'autre.

Les Cévennes, qui suivent l'axe de la terre en s'inclinant de l'est à l'ouest, ne sont pas comme les Pyrénées ou le Jura, une haute muraille dressée, il semble, pour garder la France, la bien fermer, chez elle, au midi et à l'est. Les Cévennes ne sont pour le pays ni un abri, ni une protection politique ; elles sont pour la France, chose plus précieuse peut-être, ce que les Alpes sont pour l'Europe, une sorte de château d'eau qui verse aux vallées et aux plaines de l'Orient, de l'Occident et du Midi, la fraîcheur, la vie, la fertilité.

Cet immense théâtre, cette longue chaîne qui pousse ses racines au Sud jusqu'aux Pyrénées, au nord jusqu'à la Bourgogne, verse de ses vieux cratères aujourd'hui verdoyants, je ne sais combien de fleuves, la bénédiction de la France.

Des basses Cévennes, de l'Aigoual (le Ruisselant), descendent pour le Midi altéré, une multitude de sources, de *gardons* (1), de rivières, de petits fleuves ; ils s'en vont tous en bas, séparés ou réunis, donner à boire à la plaine brûlante, adoucir l'amertume de ses étangs salés, remettre en mouvement ces eaux lourdes, tristes et mortes. Le Gard abreuve le vieux Languedoc

---

(1) Gard est le nom générique de plusieurs torrents, comme *gave* dans les Pyrénées. On dit une *gardonade* pour une inondation.

en courant au Rhône; l'Hérault, le Vidourle en allant se jeter à la mer. Ils traversent ces paysages bibliques, aussi âpres, plus purs que le Jourdain et le Cédron !

A l'est, des montagnes brûlées du Vivarais, entre ses villes qui semblent de fer ou de cuivre, tombent au Rhône : l'Ardèche, l'Erieu, l'Ouvèze.

A l'ouest, partent, pour arroser le Midi et le centre de la France, le Tarn, mineur infatigable (1), le Lot et les deux grands voyageurs, la Loire et l'Allier, qui vont faire deux cents lieues ensemble pour porter leurs eaux à l'Océan. Quoi de plus grand ! un sentiment de religion saisit l'âme.

Les romanciers de la vie bucolique, les Urfé, les Florian ont choisi pour théâtre de leurs bergeries amoureuses les versants de ces montagnes. L'Astrée, c'est le Forez, la Haute-Loire, et Némorin, c'est le Gardon. De tels lieux, un tel peuple pouvait inspirer mieux que ces pâles

---

(1) Il faut s'associer, ici, aux réclamations persistantes des *bons Français* qui demandent aux touristes moutonniers de ne pas toujours reprendre le chemin de la Suisse, de réserver une portion de leurs vacances pour nos montagnes de France. Rien de plus beau que certaines parties des Cévennes dans leur grandeur sauvage. Dans la Lozère, le *Causse* du Méjan, les *Étroits* du Tarn, méritent à eux seuls le voyage. Le torrent, mineur éternel, est déjà descendu, se frayant sa route à travers les flancs de la montagne, — à cinq cents mètres de profondeur, plus bas que la *ria Mala*. C'est une œuvre d'art gigantesque, saisissante. (Mᵐᵉ J. M.)

fictions. Monuments imposants des vieilles révolutions du globe, ils ne le sont pas moins des malheurs qui les ont frappés.

Rien, ici, n'affaiblit l'histoire. Les Pyrénées à leur saison, deviennent mondaines; c'est un rendez-vous de malades, mais aussi de plaisirs. Rien ne trouble la solitude des Cévennes, rien n'efface le tragique souvenir du passé.

La réalité y est fort sérieuse et la nature sévère. Ces monts, bienfaiteurs de l'humanité, gardent pour eux l'inclémence des éléments. L'été, brûlant dans les gorges profondes, au fond des vieux cratères, appelle les orages, la grêle, la foudre; l'hiver est dur, cruel même, quand les neiges épaisses couvrent les vallées, effacent entièrement la trace des routes. Sur les plateaux soufflent les vents furieux (1). Le blé y fait un effort vertueux, mais inutile; il reste grêle et couché.

Cependant, sur ces hautes cimes balayées des ouragans, vivaient les populations du désert, séparées des mois entiers du reste du monde. Tribus de pasteurs et de tisserands de mœurs

(1) Parfois vous faites la montée dans une paix profonde Tout à coup, au tournant de la route, un pic isolé se dresse, et c'est l'enfer qui s'ouvre. Le tourbillon vous saisit, vous enserre, vous étourdit de vertige. Le postillon, prévoyant, a dû se lier fortement à son siège pour n'être point précipité aux abîmes. J'ai essuyé une de ces tourmentes en entrant dans la Haute-Loire, aux Pradelles, où voulut pourtant reposer Duguesclin.

très pures, d'un caractère fort doux dans leur sauvagerie.

Ce n'était pas la vie inoccupée, ruminante et somnolente de l'homme d'Auvergne qui passe ses journées d'hiver, couché dans l'étable, en compagnie de ses bœufs.

Dans les rudes Cévennes, tout le monde est éveillé et tout le monde travaille. Avant la dispersion, vous auriez vu l'enfant bien sérieux, filer de ses pauvres petites mains engourdies par le froid, la laine que sa mère avait cardée, que son père allait prendre pour en tisser les bures, les serges grossières que la Lozère expédiait en Allemagne, en Italie, dans le Levant. Sous les neiges, la famille avait de longues veillées pour écouter la Bible. L'idylle, s'il y en avait, était celle de l'Ancien Testament, dans la mélancolie de Ruth et la gravité de Tobie.

Il fallut à ces Cévenols dix-huit ans de persécutions; il fallut qu'on leur prît leurs enfants en bas âge pour les jeter aux prisons malsaines, c'est-à-dire à la mort; il fallut que les Dragons de Villars montassent jusqu'à leurs déserts, et jetassent leurs maisons en proie aux torrents, pour les éveiller à des idées de vengeance, les faire descendre dans la plaine armés de faux, de fourches, comme des loups rôdant autour des villes, livrant d'atroces combats. Ils avaient perdu la montagne, ils s'emparaient de la plaine. Mais la plaine devait être leur tombeau.

Les Basses Cévennes, entre le Rhône et l'Hérault, la Lozère et la mer, ont le plus souffert de cette guerre d'extermination. Là vous retrouverez le berceau des *pasteurs du désert*, et le théâtre de la résistance camisarde.

De roc en roc, de sommets en sommets, par les sentiers pierreux, croulants, arides, vous pourrez accomplir le rude pèlerinage. Mais il n'est pas besoin de monter si haut. La plaine, les villes sont aussi jonchées des tombes des martyrs : Nîmes, Aigues-Mortes, Uzès, Montpellier !... Ceux qui, vers le soir, aux derniers rayons du soleil, suivront la lumineuse allée du Peyrou vers la mer et vers le ciel, verront encore leurs âmes sur la *via Sacra*.

LE VIVARAIS

Nous entrons dans la région la plus tourmentée des Cévennes. Ici, la montagne sur ses crêtes chauves et dans ses flancs déchirés, ne témoigne pas seulement de la guerre éternelle que lui fait la nature, elle laisse voir aussi à nu et toute vive encore, la trace des commotions volcaniques qui l'ont à la fois enfantée, bouleversée, ruinée.

Le pays d'Ardèche, que l'on rencontre en montant par Aubenas, offre le roc d'abord, rien que le roc, les schistes tranchants. Rien de plus aride, de plus âpre. Mais déjà vous sentez la lutte de l'homme, son travail opiniâtre, prodigieux contre la nature. Entre le roc et le roc, le schiste et le schiste, une toute petite vigne s'accroche, deux ou trois brins de seigle dressent leur maigre épi. A côté, le puissant châtaignier, sobre et courageux végétal, enserrant le caillou même de ses racines, se fait sans secours, sa terre à la longue, par le résidu de son feuillage.

Cette portion de l'Ardèche que la nature a faite affreuse, l'homme l'a empreinte d'un charme moral. Partout, à côté de lapiaz hideux, vous trouvez la grâce et la consolation d'un petit coin de verdure.

Ce n'est pas seulement le châtaignier qui semble se passer de la terre, vivre d'air et de caillou; le mûrier vertueux s'établit partout près de lui, et se nourrit aussi d'indigence, de poussière basaltique.

La soie est la manne du pauvre pays; avec la soie, il a de l'argent, quelques moutons dont l'engrais mêlé aux débris de la roche, créera la terre à la longue. En traversant ces rudes vallées où de basses maisons de pierres sèches attristent les yeux de leurs teintes grises, partout, sous les arcades du rez-de-chaussée qui portent la maison elle-même en arcades, — au beau moment de l'année, — vous verrez deux ou trois jeunes filles au teint brun, aux dents blanches qui sourient au passant et filent de l'or.

Rien de plus inattendu dans cette campagne de pierre, près du jardin indigent maigret, que de voir une famille aisée, occupée tout entière à un métier de luxe.

Ces hommes que la tradition nous a fait si durs, si sauvages, vont chaque jour s'affinant, s'adoucissant. Les enfants, mieux que les pères, témoignent que la bénédiction de la nature est enfin tombée sur cette race laborieuse qui la méritait si bien.

Près d'Aubenas, la victoire de l'homme sur la pierre est décisive. Il y a des vignes, du blé, une terre, peu fertile peut-être, mais enfin, il y a une terre. Les rochers, eux-mêmes, semblent pris d'émulation; ils portent sur leurs prismes basaltiques de petites plaines en miniature bien cultivées.

J'ai vu tout cela doré, harmonisé du soleil du soir. Tout semble si beau à cette heure! Chaque site alors est le plus beau site. Cette maison, cette famille réunie, devant laquelle vous roulez si rapidement, vous étranger, passant, c'est la maison, la famille heureuse entre toutes.

Haut, bien haut, plane un dongeon noir, pour témoigner des mauvais temps qui ne sont plus, pour faire bénir l'époque où la terre, peu à peu, appartint à celui qui la cultive. Ici, ce droit semble sacré, cette terre n'existait pas, le seigneur n'a pu l'inféoder. C'est l'arrière-petit-fils du premier possesseur, l'homme, le *pasteur du désert*, qui l'a faite, cette terre, et de ses sueurs l'a fécondée.

Dans le haut Vivarais, où se dressent les montagnes les plus élevées des Cévennes, le Mézenc, le Gerbier des Joncs, d'où part la Loire, la nature comparée à celle du bas Vivarais, semble redevenue toute maternelle. Si les hauts sommets gardent leurs neiges, les pentes fécondées par les sources qu'elles distillent, se revêtent de forêts, de verts pâturages. Ce n'est plus la lutte héroïque de l'homme pour dompter les éléments rebelles et faire éclater le triomphe de la vie sur les ruines. Les horizons sont grandioses ; vous admirez, mais vous n'êtes plus attendri.

XIV

LA PROVENCE – LA CORSE

Du point où nous sommes arrivés, nous n'avons qu'à suivre le cours de l'Ardèche, à nous laisser descendre de rampes en rampes, de terrasses en terrasses.

Avec le torrent, à travers les noirs basaltes, leurs murs crénelés, figurant des constructions féodales et guerrières, aujourd'hui en ruines, nous tomberons au Rhône, à la Provence.

Le génie provençal aurait plus d'analogie, sous quelque rapport, avec le génie gascon qu'avec le languedocien. Il arrive souvent que les peuples d'une même zone sont alternés ainsi ; par exemple, l'Autriche, plus éloignée de la Souabe que de la Bavière, en est plus rapprochée par l'esprit. Riveraines du Rhône, coupées symétriquement par des fleuves ou torrents qui se répondent, (le Gard à la Durance, et le Var à l'Hérault), les provinces de Languedoc et de Provence formaient à elles deux, avant l'annexion des Alpes-Maritimes, notre littoral sur la Méditerranée. Ce littoral a des deux côtés ses étangs, ses marais, ses vieux volcans. Mais le Languedoc est un système complet, un dos de montagnes ou collines avec les deux pentes : c'est lui qui verse les fleuves à la Guyenne et à l'Auvergne. La Provence est adossée aux Alpes ; elle n'a point les Alpes, ni les sources de ses grandes rivières ; elle n'est qu'un prolongement, une pente des monts vers le Rhône et la mer ; au bas de cette pente, et le pied dans l'eau, sont ses belles villes, Marseille, Arles, Avignon. En Provence, toute la vie est au bord. Le Languedoc, au contraire, dont la côte est moins favorable, tient ses villes en arrière de la mer et du Rhône. Narbonne, Aigues-Mortes et Cette ne veulent point être des ports (1). Aussi l'histoire du Languedoc est plus continentale que maritime ; ses grands événements sont les luttes de la liberté religieuse. Tandis que le Languedoc recule devant la mer, la Provence y entre, elle lui jette Marseille et Toulon ; elle semble élancée aux courses mari-

(1) **Trois essais des Romains, de saint Louis et de Louis XIV sont restés impuissants.**

times, aux Croisades, aux conquêtes d'Italie et d'Afrique.

Cette côte, avec ses éclairs d'acier qui le jour vous éblouissent, ses maquis épineux rébarbatifs qui vous barrent le chemin, ses palmiers gigantesques chargés de leurs régimes d'or, est elle-même toute africaine.

La France a l'avantage admirable d'avoir les deux mers. La Méditerranée est belle surtout par deux caractères : son cadre harmonique et la vivacité, la transparence de l'air, de la lumière. C'est une mer bleue très amère et très salée. Sur ces rivages âpres, rien de vulgaire. La trace des feux souterrains qu'on y trouve partout, ses sombres roches plutoniques, ne sont jamais ennuyeuses comme les longues dunes de sable ou les sédiments aqueux des falaises.

La côte méditerranéenne, pour ainsi dire circulaire, a sa note la plus haute précisément dans le climat sec et vif de Provence. Elle s'amollit vers Pise ; elle s'équilibre en Sicile, obtient à Alger un degré remarquable de fixité.

La rade de Toulon est, on le sait, la merveille du monde. Il y en a de plus grandes encore, mais aucune si belle, aucune si fièrement dessinée. Elle s'ouvre à la mer par une bouche de deux lieues, la resserrant par deux presqu'îles recourbées en pattes de crabes. Tout l'intérieur varié, accidenté de caps, de pics rocheux, de promontoirs aigus, landes odorantes, sauvagement parfumées, vignes, bouquets de pins, aloës et cactus ; une noblesse et une sévérité singulières. Derrière, le haut cirque des monts chauves, dominés de la tête, par Condom et Pharon, les deux gardiens du port.

En ce pays de lumière, où l'on peut voir parfois en mer à vingt et trente lieues, si ce n'est davantage, si vous montez sur les épaules de l'un de ces bons géants, peut-être, verrez-vous au loin, flottante comme une vague apparition, notre petite patrie d'adoption, la Corse. Africaine comme Malte, dans les luttes, parfois terribles, qu'elle engagea, jadis, pour la défense de ses libertés, elle n'appela jamais à son secours les Italiens, mais toujours la France ; sous Charles VI, Henri II, Louis XV. Petite île, grand peuple à ses moments, qui fut toujours nôtre par le cœur.

Cette belle lumière, ce climat puissant trempe admirablement l'homme, elle lui donne la force sèche, la plus résistante ; elle fait les plus solides races, les plus robustes. Le marin provençal catalan, celui de Gênes, de Calabre, de Grèce s'acclimate partout. Cuivrés et bronzés, ils passent à l'état de métal. Riche couleur qui n'est point un accident de l'épiderme, mais une imbibition profonde de soleil et de vie.

La Provence a visité, a hébergé tous ces peuples et bien d'autres.

Tous ont chanté les chants, dansé les danses d'Avignon, de Beaucaire ; tous se sont arrêtés aux passages du Rhône, à ces grands carrefours des routes du Midi (1). Les saints de Provence (de vrais saints que j'honore) leur ont bâti des ponts, et commencé la fraternité de l'Occident. Les pâles et belles femmes d'Arles au masque romain, les vives filles d'Avignon continuant cette œuvre, ont pris par la main le Grec, l'Espagnol, l'Italien, leur ont, bon gré mal gré, mené la farandole, la *Turque*, la *Mauresque* (2). Et ils n'ont plus voulu se rembarquer. Ils ont fait en Provence des villes grecques, moresques, italiennes. Ils ont préféré les figues fiévreuses de Fréjus à celles d'Ionie ou de Tusculum, combattu les torrents, cultivé en terrasses les pentes rapides, exigé le raisin des coteaux pierreux qui ne donnent que thym et lavande.

(1) Ce pont d'Avignon, tant chanté, succédait au pont de bois d'Arles qui, dans son temps, avait reçu ces grandes réunions d'hommes, comme depuis Avignon et Beaucaire.

(2) Ces noms, et les rapports de plusieurs de ces danses avec le *boléro*, doivent faire présumer que ce sont les Sarrasins qui en ont laissé l'usage en France.

La Provence grecque commence visiblement près de Toulon, avant Olioules, Gemenos, Evenos. Les hommes deviennent très fins, les femmes jolies, d'un type qui ne se trouve qu'entre Aix et Toulon. Le tout un peu maigre, un peu mesquin, mais non trapu comme les vrais Provençaux. Ceci, c'est l'homme du Var, figure fine, un peu aiguisée.

Cette poétique Provence n'en est pas moins un rude pays. Le vent éternel qui enterre dans le sable les arbres du rivage, qui pousse les vaisseaux à la côte, n'est guère moins funeste sur terre que sur mer. Les coups de vent, brusques et subits, saisissent mortellement. Le Provençal est trop vif pour s'emmailloter du manteau espagnol. Et ce puissant soleil aussi, la fête ordinaire de ce pays de fêtes, il donne rudement sur la tête, quand d'un rayon il transfigure l'hiver en été. Il vivifie l'arbre, il le brûle. Et les gelées brûlent aussi. Plus souvent des orages, des ruisseaux qui deviennent des fleuves. Le laboureur de la Durance et du Rhône, ramasse son champ au bas de la colline, où le suit voguant à grande eau, et s'ajoutant à la terre du voisin. Nature capricieuse, passionnée, colère et charmante.

Le Rhône est le symbole de la contrée, son fétiche, comme le Nil est celui de l'Égypte. Le peuple n'a pu se persuader que ce fleuve ne fût qu'un fleuve, mais une chose fantastique; il a bien vu que la violence du Rhône était de la colère, et reconnu les convulsions d'un monstre dans ses gouffres tourbillonnants. Le monstre c'est le *drac*, la *tarasque*, espèce de tortue-dragon, que l'on promenait naguère à grand bruit le jour de Sainte-Marthe. Elle allait jusqu'à l'église, heurtant tout sur son passage.

La fête n'était pas belle, s'il n'y avait pas au moins un bras cassé.

Ce Rhône, emporté comme un taureau qui a vu du rouge, vient donner contre son delta de la Camargue, l'île des noirs taureaux et des étalons indomptés. Le pâtre, monté sur un de ces étalons sauvages, surveille son troupeau qui paît les roseaux et les oseraies plongé dans le marais jusqu'au poitrail comme le buffle dans la campagne de Rome. L'île avait aussi sa fête, c'était la *Ferrade*. Un cercle de chariots était chargé de spectateurs. On y poussait à coups de fourche les taureaux qu'on voulait marquer. Un homme adroit et vigoureux renversait le jeune animal, et pendant qu'on le tenait à terre, on offrait le fer rouge à une dame invitée; elle descendait et l'appliquait elle-même sur la bête écumante.

Voilà le génie de la basse Provence, violent, bruyant, barbare, mais non sans grâce. Il faut voir ces danseurs infatigables danser la moresque, les sonnettes aux genoux, ou exécuter à neuf, à onze, à treize, la danse des épées, le *bacchuber*, comme disent leurs voisins de Gap ; ou bien à Riez, jouer tous les ans la *bravade* des Sarrasins. Pays de militaires, des Agricola, des Baux, des Crillon ; pays des marins intrépides ; c'est une rude école que ce golfe de Lion. Dans ce bassin circulaire, la vague manquant d'espace pour s'étendre et s'apaiser, revient sur elle-même avec une extrême violence. La lame courte et disloquante, fait clapotis et retient dans son terrible remous le navire qui ne sait plus à qui entendre.

Citons parmi les plus vaillants, le bailli de Suffren, et ce renégat qui mourut capitan-pacha en 1706 ; nommons le mousse Paul (il ne s'est jamais connu d'autre nom) ; né sur mer d'une blanchisseuse, dans une barque battue par la tempête, il devint amiral et donna sur son bord une fête à Louis XIV ; mais il ne méconnaissait pas pour cela ses vieux camarades, et voulut être enterré avec les pauvres, auxquels il laissa tout son bien.

Cet esprit d'égalité ne peut surprendre dans ce pays de républiques, au milieu des cités grecques et des municipes romains. Dans les campagnes même, le servage n'a jamais pesé comme dans le reste de la France. Ces paysans étaient leurs propres libérateurs et les vainqueurs des Maures ; eux seuls pouvaient cultiver la colline abrupte et resserrer le lit du torrent. Il fallait contre une telle nature des mains libres, intelligentes.

Libre et hardi fut encore l'essor de la Provence dans la littérature, dans la philosophie. Les Romains fréquentaient les écoles de Marseille, cette petite Grèce plus sobre et plus modeste que l'autre, et qui se trouvait à leur porte.

La grande réclamation du breton Pélage en faveur de la liberté humaine fut accueillie, soutenue en Provence par Faustus, par Cassien, par cette noble école de Lerins, la gloire du Ve siècle. Quand le breton Descartes affranchit la philosophie de l'influence théologique, le provençal Gassendi tenta la même révolution au nom du sensualisme. Et au dernier siècle, les athées de Saint-Malo, Maupertuis et Lamettri, se rencontrèrent chez Frédéric, avec un athée provençal (d'Argens).

Ce n'est pas sans raison que la littérature du Midi au XIIe et au XIIIe siècle, s'appelle la littérature provençale. On vit alors tout ce qu'il y a de subtil et de gracieux dans le génie de cette contrée. C'est le pays des beaux parleurs, passionnés (au moins pour la parole), et quand ils veulent, artisans obstinés de langage ; ils ont donné Massillon, Mascaron, Fléchier, Maury, les orateurs et les rhéteurs. Mais la Provence entière, municipes, Parlement et noblesse, démagogie et rhétorique, le tout couronné d'une magnifique insolence méridionale s'est rencontré dans Mirabeau, le col du taureau, la force du Rhône.

Comment ce pays-là n'a-t-il pas vaincu et dominé la France? Il a bien vaincu l'Italie au XIIIᵉ siècle. Comment est-il si terne maintenant, en exceptant Marseille, c'est-à-dire la mer ? Sans parler des côtes malsaines, et des villes qui se meurent, comme Fréjus, je ne vois partout que ruines. Et il ne s'agit pas ici de ces beaux restes de l'antiquité, de ces ponts romains, de ces aqueducs, de ces arcs de Saint-Remi et d'Orange, et de tant d'autres monuments. Mais dans l'esprit du peuple, dans sa fidélité aux vieux usages (1), qui lui donnent une physionomie si originale et si antique ; là aussi je trouve une ruine. C'est un peuple qui ne prend pas le temps passé au sérieux, et qui pourtant en conserve la trace. Un pays traversé par tous les peuples

---

(1) Dans ses jolies danses moresques, dans les *romérages* de ses bourgs, dans les usages de la bûche *calendaire*, la bûche de Noël, des pois chiches à certaines fêtes, dans tant d'autres coutumes.

aurait dû, ce semble, oublier davantage ; mais non, il s'est obstiné dans ses souvenirs. Sous plusieurs rapports, il appartient, comme l'Italie, à l'antiquité.

XV

SUITE DE LA PROVENCE – LE COMTAT

AVIGNON

Franchissez les tristes embouchures du Rhône obstruées et marécageuses, comme celles du Nil et du Pô. Remontez à la ville d'Arles, rivale de Marseille sous J. César. La vieille métropole du christianisme dans nos contrées méridionales, la Rome gauloise, avait cent mille âmes au temps des Romains; elle en a vingt mille aujourd'hui; elle n'est riche que de morts et de sépulcres. Elle a été longtemps le tombeau commun, la nécropole des Gaules. C'était un bonheur souhaité de pouvoir reposer dans ses champs Élysiens (les Aliscamps). Jusqu'au XII° siècle, dit-on, les habitants des deux rives mettaient, avec une pièce d'argent, leurs morts dans un tonneau enduit de poix, qu'on abandonnait au fleuve; ils étaient fidèlement recueillis. Cependant cette ville a toujours décliné. Lyon l'a bientôt remplacée dans la primatie des Gaules; le royaume de Bourgogne, dont elle fut la capitale, a passé rapide et obscur; ses grandes familles se sont éteintes. Arles, autrefois la forte Provence, est assise aujourd'hui au repos entre les déserts de la Crau et de la Camargue. Sur les oseraies qui se sont emparés des *laisses* du Rhône, le soir, après la chaleur du jour, traînent lentement, comme sur les maremmes d'Italie, de blanches et molles vapeurs; elles promènent avec elles, autour de la ville, les miasmes de la fièvre. Elle est visible dans le teint des femmes, la lenteur de leurs mouvements en si grand contraste avec la mobilité provençale.

Quand de la côte et des pâturages d'Arles, on monte aux collines d'Avignon, puis aux montagnes qui approchent des Alpes, on s'explique la ruine de la Provence. Ce pays tout excentrique n'a de grandes villes qu'à ses frontières. Ces villes étaient en grande partie des colonies étrangères; la partie vraiment provençale était la moins puissante. Les comtes de Toulouse finirent par s'emparer du Rhône, les Catalans de la côte et des ports; les Baux, les Provençaux indigènes, qui avaient jadis délivré le pays des Maures, eurent Forcalquier, Sisteron, c'est-à-dire l'intérieur. Ainsi allaient en pièces les États du Midi, jusqu'à ce que vinrent les Français, qui renversèrent Toulouse, rejetèrent les Catalans en Espagne, unirent les Provençaux, et les menèrent à la conquête de Naples.

L'histoire de France, dans la seconde moitié du XIIIe siècle, est celle du comte de Provence, du frère de saint Louis, qui prit pour lui la dépouille de la maison de Souabe que le pape venait d'abattre. Le royaume de Naples restait au bâtard de Frédéric II, à Manfred. Charles d'Anjou conduisit ses Provençaux à cette victoire facile. Manfred, voyant fuir les siens, se jeta à travers les Français et y trouva la mort.

Ce fut la fin des destinées de la Provence. Elle s'endormit à Naples et en Sicile sous un même maître.

Pendant que le sud de la Provence s'écoule au midi de l'Italie avec Charles d'Anjou, Rome pontificale, détrônée par lui à Rome, vient établir son siège en France, dans la haute Provence, au Comtat Venaissin. Grégoire X s'est souvenu que l'Albigeois Raymond VII, réconcilié avec l'Église, en a fait don au pape (1).

Le fils de saint Louis, Philippe le Hardi, qui en hérite au moment même par la mort de son oncle, croit devoir céder une seconde fois à l'Église ce bien d'Albigeois.

Le pape, exilé de Rome, se sentait là chez lui (2). C'était une frontière, une position mixte, une sorte d'asile qui dépendait de plusieurs et de personne. C'était terre d'empire et vieux municipe, une république sous deux rois. Le roi de Naples comme comte de Provence, le roi de France comme comte de Toulouse, avaient chacun la seigneurie d'une moitié du Comtat.

Que de vicissitudes il avait déjà traversées dans le passé! Sur ce petit coin de terre, dernière ramification de nos Alpes françaises, ont tourbillonné les peuples. Les premiers habitants virent fondre sur eux, comme une avalanche de la montagne, Goths, Alains et Vandales, s'en allant guerroyer à l'Ouest dans l'Aquitaine ou plus bas jusqu'en Espagne. Les Burgundes y passèrent aussi pour aller fonder, à l'ouest du Jura, leur royaume de Bourgogne. Avignon,

(1) Rome a gardé Avignon jusqu'en 1791.

(2) Le séjour des papes à Avignon date de plus haut, du moment où Philippe le Bel eut besoin d'avoir un pape à lui, sous sa main, pour supprimer l'ordre ecclésiastique des Templiers.

colonie romaine, se vit inféodée à leur royaume.
Puis, vint Clovis avec ses Francs; puis les Lombards, les Sarrasins qui s'abattirent sur la contrée en fléaux de Dieu. Charles Martel ayant chassé les Sarrasins d'Avignon, la ville resta carlovingienne jusqu'à la dissolution de l'empire. Alors, elle devint provençale et dépendante du royaume d'Arles et de Provence, sous Boson, beau-frère de Charles le Chauve. Plus tard, elle se fera Languedocienne, Albigeoise, et comme telle, restera douze ans excommuniée. Louis VIII, reprenant la croisade de Simon de Montfort, l'en châtiera en rasant ses murailles. Raymond VII converti, fit davantage, il donna le Comtat au pape contre une absolution et voilà Avignon hérétique, devenue, tout à coup, ville papale. Le pape y sera roi plus que le roi, par l'argent que son séjour attirera dans le pays. Les richesses y abondèrent, mais aussi les scandales. La religion était bien malade dans ces contrées, surtout depuis les Albigeois; elle fut tuée par la présence des papes. En même temps s'affaiblissaient et venaient à rien les vieilles libertés des municipes du Midi. La liberté romaine et la religion romaine, la république et le christianisme, l'antiquité et le moyen âge s'y éteignaient en même temps. Avignon fut le théâtre de cette décrépitude. Aussi ne croyez pas que

ce soit seulement pour Laure que Pétrarque ait tant pleuré à la source de Vaucluse; l'Italie aussi fut sa Laure, et la Provence, et tout l'antique Midi qui se mourait chaque jour.

La Provence, dans son imparfaite destinée, dans sa forme incomplète, me semble un chant des troubadours, un canzone de Pétrarque; plus d'élan que de portée. La végétation africaine des côtes est bientôt bornée par le vent glacial des Alpes. Le Rhône court à la mer, et n'y arrive pas. Les pâturages font place aux sèches collines, parées tristement de myrte et de lavande, parfumées et stériles.

Ces landes stériles, ce destin inachevé ne tiennent-ils pas aussi à la nature de ce climat trouble et véhément comme le Rhône? A partir de Valence, vous perdez la paix des régions du Nord, vous entrez dans la tourmente. Ici, les vents se combattent avec fureur.

Dans un pays si discordant, quelle âme serait assez forte pour conserver l'équilibre? Ce vent éternel, contradictoire, du Nord, du Midi, frappe l'homme au cerveau. A Valence, les cas de folie sont nombreux. De l'autre côté du Rhône, sur les plateaux des Cévennes incessamment fouettés de l'âpre bise, le renversement de la vie nerveuse tourne à l'extase épileptique.

Nulle autre part qu'à Avignon, ni en France,

ni en Italie, la population n'est si expressive, la passion si impétueuse. Race métis et trouble, celto-grecque, arabe avec un mélange italien. C'est aussi la fille du Rhône, elle porte en elle ses emportements, ses tourbillons. Moralisé, humanisé à Lyon par la Saône, son aimable et pesante épouse, qui lui apporte en dot le Doubs, sur sa route, de folles rivières se jettent à lui des deux côtés et le refont torrent. Il court, s'effarouche. De plus en plus incapable de se contenir, il court, c'est comme une bête échappée, un taureau de la Camargue.

Une tête étrangère résiste peu au triple vertige des eaux, du vent, des regards mobiles. Ce qui surtout l'enivre, l'hébète, c'est ce vent qui rase la ville, qu'on entend toujours aux rues d'Avignon, l'éternel zou! zou! Ce sifflement imité par l'homme du peuple, mariniers, portefaix, rudes vignerons de la montagne, race âpre, féroce, à ses heures, c'est pour lui le cri de l'émeute. Ces tourmentes subites qui, tout à coup, noires et terribles, flottent autour du Ventoux, qui pourra les arrêter? Il en est de même des colères de ce peuple, elles emportent tout devant elles (1).

(1) Allusion au massacre de la Glacière. La tour en porte encore les traces, comme au palais des papes, aux chambres sépulcrales de l'inquisition, on voit la suie lentement accumulée que laissa la chair brûlée des hérétiques. (Mme J.-M.)

La poésie du Midi, de son destin, repose dans la mélancolie de Vaucluse, son paysage austère, spiritualiste, — là rien pour les sens; — dans la tristesse ineffable et sublime de la Sainte-Baume, d'où l'on voit les Alpes et les Cévennes, le Languedoc et la Provence, au delà, la Méditerranée. Et moi aussi, j'y pleurerais comme Pétrarque au moment de quitter ces belles contrées.

XVI

LE DAUPHINÉ

Mais il faut que je fraye ma route vers le Nord, aux sapins du Jura, aux chênes des Vosges et des Ardennes, vers les plaines décolorées du Berry et de la Champagne. Les provinces que nous venons de parcourir, isolées par leur originalité même, ne me pourraient servir à composer l'unité de la France. Il y faut des éléments plus liants, plus dociles ; il faut des hommes plus disciplinables, plus capables de former un noyau compact, pour fermer la France du Nord aux grandes invasions de terre et de mer, aux Allemands et aux Anglais. Ce n'est pas trop pour cela des populations serrées du centre, des bataillons normands, picards, des massives et profondes légions de la Lorraine et de l'Alsace.

Les Provençaux appellent les Dauphinois les

Franciaux. Le Dauphiné appartient déjà à la vraie France, la France du Nord. Malgré la latitude, la jolie vallée de l'Isère, ses vignes, ses mûriers et le sourire italien dont elle salue l'étranger au passage, cette province est septentrionale. Là commence cette zone de pays rudes et d'hommes énergiques qui couvrent la France à l'est. D'abord le Dauphiné, comme une forteresse sous le vent des Alpes ; puis le marais de la Bresse ; puis dos à dos la Franche-Comté et la Lorraine, attachés ensemble par les Vosges, qui versent à celle-ci la Moselle, à l'autre la Saone et le Doubs. Un vigoureux génie de résistance et d'opposition signale ces provinces. Cela peut être incommode au dedans, mais c'est notre salut contre l'étranger.

Ce fut un dauphinois, Bayard, le *chevalier sans peur*, qui monta le premier à Brescia. Pietro Navarro, l'inventeur des mines, l'avait sûrement avec lui, lorsqu'avec nos Basques vifs et fermes et la *verte race* du Dauphiné, il dompta, perça le rocher, se fit un passage entre les glaces et les abimes, et tomba, à l'improviste, dans les plaines de Saluces, à l'entrée de la Lombardie (1). Avec ses vingt mille hommes, ses soixante-douze énormes canons, cinq cents petites pièces à dos de

---

(1) Ce fut Marignan.

mulet, il avait franchi la triple échine des Alpes, passé à travers les rochers, remonté les pentes glissantes des précipices où nul marchand, nul colporteur, nul contrebandier, n'avait imprimé ses pas. La virginité de leurs neiges n'avait été effleurée, depuis la création, que par l'enfant de la montagne, le craintif chamois, et parfois aussi, peut-être, par l'intrépide folie du chasseur que la passion entraîne après lui aux corniches étroites des gouffres.

Ces provinces guerrières ont donné aussi à la science des esprits sévères et analytiques : Mably et Condillac, son frère, sont de Grenoble ; d'Alembert est Dauphinois par sa mère ; de Bourg-en-Bresse, l'astronome Lalande, et Bichat, le grand anatomiste ; Edgard Quinet. Même esprit critique en Franche-Comté ; ainsi Guillaume de Saint-Amour, l'adversaire du mysticisme des ordres mendiants, le grammairien d'Olivet. Du Dauphiné à Liège, à la Normandie, l'esprit général est la critique. On trouve dans les habitudes de langage des Dauphinois des traces singulières de leur esprit processif. Avant la Révolution, quand les enfants avaient passé un an ou deux chez un procureur à mettre au net des exploits et des appointements, leur éducation était faite, et ils retournaient à la charrue. Le Dauphiné a été longtemps la terre classique du régime dotal; les familles avaient l'orgueil de faire un héritier, un aîné, n'accordant aux cadets que les exigences de la loi, à la fille le moins possible. Le paysan, dans son humble condition, imitait le seigneur. Au demeurant, très avisé. On sait le dicton : « Fin, rusé, courtois, sent venir le vent et connaît la couleur de la bise. »

Mais leur vie morale et leur poésie, à ces hommes de la frontière, a longtemps été la guerre. Qu'on leur fasse encore appel, vous verrez que les Bayards ne manqueront pas au Dauphiné, ni les Ney, les Fabert, à la Lorraine. Il y a là, sur la frontière, des villes héroïques où ce fut de père en fils un invariable usage de se faire tuer pour le pays.

La petite ville de Sarrelouis, qui compte à peine cinq mille habitants, a fourni en vingt années cinq ou six cents officiers et militaires décorés, presque tous morts au champ de bataille (1). Et les femmes s'en mêlent souvent comme les hommes. Même, autrefois, les grandes dames dans leur riche et galante armure ; on se souvient des princesses de la maison de Bouillon. Les femmes ont dans toute cette zone, du Dauphiné aux Ardennes, un courage, une grâce d'amazones, que vous chercheriez en vain par-

---

(1) Écrit en 1833.

tout ailleurs. Froides, sérieuses et soignées dans leur mise, respectables aux étrangers et à leurs familles, elles vivent au milieu des soldats, et leur imposent. Elles-mêmes, veuves, filles de soldats, elles savent ce que c'est que la guerre, ce que c'est que de souffrir et mourir ; mais elles n'y envoient pas moins les leurs, fortes et résignées ; au besoin elles iraient elles-mêmes. Ce n'est pas seulement la Lorraine qui sauva la France par la main d'une femme : en Dauphiné, Margot de Lay défendit Montélimart, et Philis la Tour-du-Pin, La Charce ferma la frontière au duc de Savoie (1692). Le génie viril des Dauphinoises a souvent exercé sur les hommes une irrésistible puissance : témoin la fameuse madame Tencin, mère de d'Alembert ; et cette blanchisseuse de Grenoble qui, de mari en mari, finit par épouser le roi de Pologne ; on la chante encore dans le pays avec Mélusine et la fée de Sassenage.

Malgré l'esprit processif du Dauphinois, il y a dans les mœurs communes, une vive et franche simplicité à la montagnarde, qui charme tout d'abord. En montant vers les Alpes surtout, vous trouverez l'honnêteté savoyarde, la même bonté, avec moins de douceur. Cette simplicité, ces mœurs patriarcales qui s'en vont hélas ! de toute la France, ont tenu, en grande partie, à l'isolement de ces populations. Avant qu'on n'eût ouvert des routes, pendant neuf mois d'hiver les neiges les séparaient du reste du monde. De là, la conservation des traditions antiques. Malgré les changements survenus, le vieillard est encore l'objet du respect et le centre de la famille ; ses enfants le servent, les femmes, aux repas, restent debout comme en Bretagne.

Quoique ces montagnards soient souvent en procès entre eux, comme ceux de la plaine, il existe un sentiment de fraternité. Survient-il un malheur, une inondation, un incendie, tout le pays accourt pour relever la maison, apporter les matériaux nécessaires. Chacun donne une journée de son travail.

Là, il faut bien que les hommes s'aiment les uns les autres ; la nature, ce semble, ne les aime guère. Sur ces pentes exposées au nord, au fond de ces sombres entonnoirs où siffle le vent maudit des Alpes, la vie n'est adoucie que par le bon cœur et le bon sens du peuple.

Telle de ces vallées profondes, ensevelie sous les neiges, reste trois mois sans voir le soleil. Aussi, comme on le salue, comme on le fête cet ami, lorsqu'il revient. Chacun a gardé pour lui ce qu'il a de plus précieux, ce qui serait si doux à l'enfant, au vieilllard, quelques œufs recueillis, à grand'peine, dans un trop court été.

Au jour précis, tout le monde est dehors, dans

l'attente, les yeux attachés au ciel. Il est midi, l'heure de l'aurore pour la pauvre vallée. La crête de la haute montagne derrière laquelle il monte, peu à peu rayonne, s'illumine. Il va paraître... il paraît!... Tous sont bien près de tomber à genoux. Dépassant à peine le faîte, il glisse, lentement, comme un beau globe d'or. Rien ne leur semble plus beau que cette riche et chaude couleur! Il faut bien qu'il l'aime aussi, lui, puisqu'il l'a choisie de préférence entre toutes. On lui offrira donc pour se le rendre secourable, pendant la saison trop brève, ce qui lui ressemble, une multitude de petits globes d'or. Au milieu de la joie universelle, chacun casse les œufs qu'il a tenu en réserve; ces œufs réunis, vont faire ensemble au bon géant, qui d'en haut paternellement regarde, une belle et bonne omelette bien dorée!

Hélas! quoique fasse le soleil, le pays reste pauvre, la récolte est insuffisante. Du Vercors et de l'Oisans partent des émigrations annuelles. Mais ce ne sont pas seulement des maçons, des porteurs d'eau, des rouliers, des ramoneurs, comme dans le Limousin, l'Auvergne, le Jura, la Savoie; ce sont surtout des instituteurs ambulants.

Autrefois, ils descendaient en nombre tous les hivers des montagnes de Gap et d'Embrun (1). Ces maîtres d'école, presque tous protestants, s'en allaient par Grenoble dans le Lyonnais et de l'autre côté du Rhône, dans les Cévennes. Les familles les recevaient volontiers ; ils enseignaient et évangélisaient les enfants.

Dans les plaines du Dauphiné, le paysan, moins bon et moins modeste, est souvent bel esprit : il fait des vers et des vers satiriques.

A Grenoble, comme à Lyon, comme à Besançon, comme à Metz et dans tout le Nord, l'industrialisme républicain est moins sorti, quoi qu'on ait dit, de la municipalité romaine que de la protection ecclésiastique ; ou plutôt l'une et l'autre se sont accordées, confondues, l'évêque s'étant trouvé, au moins jusqu'au IX° siècle, de nom ou de fait, le véritable *defensor civitatis*. L'évêque Izarn chassa les Sarrasins du Dauphiné en 965 ; et jusqu'en 1044, où l'on place l'avènement des comtes d'Albon, comme dauphins, Grenoble, disent les chroniques, « avait toujours été un franc-aleu de l'évêque. » C'est aussi par des conquêtes sur les évêques que commencèrent les comtes poitevins de Die et de Valence.

Ces comtes d'Albon, de Guignes qui prirent le nom de *Dauphins*, du poisson qui ornait leur

---

(1) De Gap ou d'Embrun descendit aussi, au XII° siècle, Pierre de Bruys pour aller prêcher dans le midi la croisade du libre esprit, la croisade albigeoise.

casque, ont fait lignée de rois. Ils ont régné en Dauphiné, jusqu'à ce que l'un d'eux, lassé du pouvoir, cédât la province à la couronne, à Philippe de Valois, à la condition qu'elle serait un apanage du fils aîné du roi.

Charles VII en profita pour exiler celui qu'on croyait un enfant et qui, à quatorze ans, était Louis XI, déjà ligué avec les ennemis de son père. Le roi lui faisait sa part, lui donnait par avance d'hoirie, une petite royauté.

La féodalité qu'allait abattre Louis XI ne pesa jamais dans le Dauphiné comme dans le reste de la France. Les seigneurs en guerre éternelle avec la Savoie, — ces guerres jetèrent un grand éclat sur la noblesse dauphinoise, — eurent intérêt de ménager leurs hommes ; les *vavasseurs* y furent moins des arrières-vassaux que des petits nobles à peu près indépendants. Dès le dixième siècle, le pays se divisa en une infinité de comtés de petits clans. Aussi la Révolution française n'a point été sanglante à Grenoble ; elle y était faite d'avance. Pendant la Terreur, les ouvriers y maintinrent l'ordre avec un courage et une humanité admirables, à peu près comme à Florence le cardeur de laine, Michel Lando, dans l'insurrection des Ciompi.

De Vizille, près Grenoble, partit le premier acte de la Révolution, le dédoublement du Tiers.

Bonaparte connaissait bien Grenoble, quand il la choisit pour sa première station en revenant de l'île d'Elbe. Il rentrait en promettant de relever l'empire par la république.

XVII

LA SAVOIE

Une des grâces de la France qui en a tant, c'est qu'elle n'est pas seule, mais entourée de plusieurs Frances (1). Chacune d'elles lui représente quelqu'un des âges du passé. Devenue sérieuse et soucieuse, elle retrouve en elles la gaieté, la vivacité, la grâce du cœur, tous les charmants défauts dont nous nous corrigeons et que le monde aimait en nous, avant que nous ne fussions des sages.

Les maîtres des peuples qui remanient la carte d'Europe sans tenir compte du génie des races et de l'unité géographique, avaient, pourtant, coupé en deux l'une de ces petites Frances qui parle, non seulement, notre langue, mais

---

(1) La Wallonne, la Savoyarde ; on peut dire aussi l'Alsace qui, de cœur, nous reste fidèle.

que la nature, — physiquement, — a faite identique à la nôtre. Du lieu où nous sommes, gravissez quelque pic élevé et regardez devant vous : Vous verrez les Alpes du Dauphiné et de la Savoie dialoguer entre elles. Ce ne sont pas deux versants, c'est un même massif. La majesté du Mont-Blanc est reproduite dans le puissant glacier du Pelvoux. Les plantes et les animaux sont, aussi, les mêmes. Le chamois sur les cîmes, l'ours au fond des vallées, ont passé de tout temps, d'un pays à l'autre, sans souci des frontières.

Les destinées de l'antique Savoie furent celles du Dauphiné. Au IX° siècle, elle fit partie, comme lui, de l'empire de Charlemagne. Quand cette Babel tomba en pièces, ces deux petits pays que leur faiblesse livraient en proie aux convoitises des puissants armés, échurent au roi de Bourgogne. Au commencement du XI° siècle la Savoie, réunie à l'empire germanique, fut érigée en comté. C'est l'origine des comtes, des ducs de Savoie et de Piémont.

Petit État qui grandira rapidement et se fera bientôt le *portier* incommode des Alpes, ouvrant ou fermant la porte au Midi, au Nord, selon son intérêt, son caprice.

Mais alors il n'y eut plus de Savoie. Le pauvre petit pays ne fut plus qu'une annexe du Piémont, étouffé par sa tyrannie. Il lui défendit, tout à la fois, l'industrie et le commerce, le força, dès lors, d'émigrer. C'est à cette époque que les Savoyards prirent la coutume de venir chercher leur vie en France.

Telle a toujours été l'attraction de la grande France sur la petite, que ce ne fut pas seulement le petit peuple qui descendit vers nous ; les ducs de Savoie eux-mêmes, tantôt nos alliés douteux, tantôt nos ennemis déclarés, ne vinrent pas moins de préférence chez nous prendre leurs femmes. A partir du XIVe siècle, la Savoie, presque toujours, épousera la France. Louis XI qui l'aimait de longue date comme voisine de son Dauphiné, lui donna sa fille et sa sœur ; il en éleva les fils, les fit doublement Français de mère et d'éducation.

Les destinées des deux pays, en bien, en mal, désormais se trouveront sans cesse mêlées. La sœur d'Henri II, la fille d'Henri IV, la nièce de Louis XIV, deviendront duchesses de Savoie et reines de Piémont. De son côté, la Savoie nous enverra Louise, mère de François Ier, la duchesse de Bourgogne qui nous donnera Louis XV. Les deux filles d'Amédée III épouseront les frères de Louis XVI, et le fils du roi de Piémont, la sœur du roi de France.

Toutes ces alliances souveraines n'empêchèrent pas les guerres entre les deux pays, mais le peuple ne s'y méprit pas, il n'accusa pas sa mère.

Lorsque les commissaires de la Convention, en 92, entrèrent à Chambéry pour lui porter la délivrance, ils furent saisis d'étonnement, profondément émus, en découvrant une France inconnue, une vieille France naïve qui, dans la langue d'Henri IV, bégayait la Révolution. Le peuple tout entier était venu à la rencontre, d'un élan spontané, d'un même transport de joie, de reconnaissance.

La Savoie est tout une France. La diversité de ce peuple allobroge est infinie. Il faudrait dire : *Les Savoies*. Comme esprits, vous y rencontrerez les extrêmes : l'apôtre de la douceur, saint François de Sales; l'homme de la terreur blanche, Xavier de Maistre. Comme climat, Annecy où vous retrouverez la *pure ancienne France*, dans certains intérieurs négligés que je vois encore, vous donnera une Savoie presque italienne. Les nombreux canaux qui font de l'intérieur de la ville, comme une petite Venise, mettent dans l'air quelque chose de doux, de mou qui ralentit.

Il y a là de la maremme. Rousseau la respira longtemps, en garda toujours la grande impression. Mais il n'eût pas été Rousseau s'il n'eût été transplanté à temps sous le souffle pur des Alpes, puis, jeté au loin par la fatalité.

Ces mollesses italiennes ne sont pas heureusement la véritable Savoie. Elle n'est pas non plus à Chamounix que tout le monde va voir, qui n'est guère peuplé, aujourd'hui, que d'hôtels et de guides oisifs tout l'hiver.

La vraie Savoie, — peuple ardent sous un climat glacé, — est celle où mène le cours de l'Arve en sortant de Genève; en bas, Sallenches, en haut Saint-Gervais. Il n'y faut pas arriver par un de ces rares jours qui parent tout, qui donnent à tout un uniforme sourire, mais par un jour mi-bleu, mi-ouaté, un jour légèrement gris, tel que ce pauvre pays, d'un climat incertain, en a la plus grande partie de l'année. Alors on le voit tel qu'il est, dans le bas mesquin et pauvre, écrasé des hauteurs qui semblent les premiers gradins d'un sérieux amphithéâtre.

Les bains de Saint-Gervais sont aussi en bas, au fond d'une étroite fente de la montagne. Dans les Pyrénées, à Vichy, à Bourbon, etc., toute eau thermale est un dieu, le dieu Borbo, le dieu Gargo. En Savoie, ces dieux sont des saints : saint Gervais, saint Protais. Le lieu est clos. Les sapins planent en haut, les brouillards traînent en bas. Ainsi voilé, il semble plein de mystères, de songes, d'illusions.

Ne vous y attardez pas. Montez plutôt au village, et, sans vous y arrêter non plus, prenez, à l'autre extrémité, l'étroit chemin ombragé de vénérables noyers qui datent, je crois, du temps où les ducs de Savoie allèrent à Jérusalem. Ce sentier vous mènera à Contamines, aux glaciers. Le Mont-Blanc, qui est derrière, laisse à peine entrevoir un sourcil bleuâtre. De loin, ce fond apparaît noble et grand sans être grandiose. De près, rien de plus mélancolique. Là vous êtes au cœur même du pauvre pays. Les villages, serrés entre la route et les glaciers, n'ont eu d'autre place pour s'établir que l'ancienne moraine. Ils sont toujours sous la menace des avalanches. La pauvre culture, le maigre seigle semblent aussi bien aventurés. Mais c'est l'impossible qui tente. La vallée, déjà si étroite, se resserre encore. C'est par un long et étroit couloir que vous arrivez au pied de l'âpre et maigre col du Bonhomme, le seul passage, de ce côté, entre la France et l'Italie.

Le Mont-Blanc n'a pas à mi-côte ces grandes routes des nations où se croisent éternellement la France, l'Allemagne, l'Italie. Le Mont-Cenis, le Saint-Gothard sont les voies naturelles de toute vie animée. La forcla du Prarion, la forcla de la Tête-Noire, du col du Bonhomme serrent au contraire et ferment les vallées de Chamounix, de Saint-Gervais.

Ce solitaire, le Mont-Blanc, ne conduit à rien. Cependant, les jours de grand marché à Sallenches, de tous ces pauvres villages échelonnés dans le ravin, et de Saint-Nicolas, qui est en face, descend tout une avalanche, hommes, femmes, enfants, conduisant devant eux leurs bêtes: vaches, oies, moutons, petits porcs, etc. Ce serait le bon moment pour étudier cette population savoyarde, la plus maltraitée de la nature, je parle de celle qui vit sous les glaciers. Ce sont des rustres, en apparence, les os saillants, la mâchoire carrée, le regard couvert. Mais sous les sourcils épais et bas, perce la ruse. C'est le fond de l'esprit montagnard qui a servi de longue date, à se défendre aux dépens de plus fort que soi.

Ceux qui viennent du côté opposé, du versant des prairies, beaucoup plus ménagé, semblent d'une autre race. Ceux-ci sont les fins relativement, à la fois naïfs et avisés, quelque chose d'aimable et de caressant. Presque toutes les femmes, laides et vieilles de bonne heure par le dur travail au dehors, sous l'âpre bise, font oublier leur laideur par un charme singulier de bonté.

Tous vous saluent, vous disent « bonjour ou bonsoir » avec un timbre de voix fort, presque musical, ce qu'on n'attendrait pas dans un pays où l'air est neuf mois glacé.

Ce pauvre peuple de Savoie, si longtemps souffre-douleur du Piémont, écrasé par les persécutions religieuses, les armées qui lui passaient sur le dos pour atteindre l'ennemi, n'a pas moins gardé, à travers tant d'épreuves et de larmes, l'indestructible gaieté de la France. Quand celle-ci, devenue taciturne, perdit la voix, les airs, la petite musique nationale qu'elle oubliait, sa sœur les reprit, les garda pour elle comme un viatique.

Vous l'entendez, la rustique chanson, sur les plus hautes prairies de l'Alpe où la promène, l'été, le berger solitaire. Chant de ton naïf et juste, plus que l'*iaulement*, l'*alp-singer* de la Suisse allemande.

Le canton de Vaud, qui touche à la France, comme elle, ne chante plus. Si, en septembre, vous entendez quelques rares chants dans les vignes, c'est que le petit peuple de Savoie est là, il a passé le lac, s'est engagé pour faire la vendange.

Comparez cependant les deux rives. Le côté suisse, inondé de lumière, monte en amphithéâtre ses vignobles sobres en bois, en feuilles, d'autant plus productifs. C'est la richesse. Sur l'autre rive, la *fraîche* Savoie, sous ses ombrages, n'a que sa pauvreté poétique; ses vignes lui donnent une luxuriante moisson de feuilles, mais si peu de fruits!... La population abritée, ici, de l'âpre vent des glaciers, n'a pas moins une pauvre mine, je ne sais quoi qui attendrit. Grâce souffrante du petit Savoyard, de Fanchon la vielleuse. La maigre récolte de châtaignes pourrait rendre pensif; et cependant, si loin que l'ouïe puisse porter, vous entendez retentir les chants.

La France qui n'eut jamais, d'elle-même, des pensées de conquête, — mieux vaut être aimé que posséder,—mais toujours voulut se *donner*, selon le beau mot d'Henri IV aux Béarnais, dispense aujourd'hui la Savoie de quitter ses montagnes, de descendre en plaine, d'aller au loin gagner sa vie dans des métiers obscurs. La sœur aînée est allée à sa petite sœur pour l'aider à développer ses industries, lui ménager chez elle, après tant de siècles de misère, la prospérité qui honore un peuple et le relève.

XVIII

LA FRANCHE-COMTÉ

Mieux j'attends.
(Devise franc-comtoise.)

Par les plaines humides de la Bresse, ses prairies noyées de brouillards, — une petite Hollande fiévreuse, — nous gagnerons l'air pur des montagnes de la Franche-Comté. Celles-ci ne sont pas, comme les Alpes de Savoie que nous venons de quitter, un massif, une forteresse grandiose bâtie des mains de la nature. Vues de loin, de Lausanne par exemple, elles apparaissent comme un sombre rideau uniformément tiré entre la Suisse et la France.

En réalité, une succession de murailles étagées de la base au sommet, laissant entre elles des tranchées profondes que barrent des mornes, que relient des plateaux servant de degrés pour atteindre le faîte de la montagne, voilà le Jura.

Tout cela bien sérieux, bien austère. C'est, si vous voulez, une petite Suisse en miniature avec ses lacs (Nantua, Saint-Point.....), ses champs de neiges à défaut de glaciers. Mais ce qui fait la vie de la Suisse, sa gaieté alpestre, manque au Jura. Il n'a pas comme elle, de tous côtés, et sous mille formes, des eaux qui courent et qui parlent. A part la grande voix des torrents qu'alimente la fonte des neiges, le Jura est silencieux. L'homme ayant imprudemment détruit les forêts intermédiaires, avec elles, ont disparu les sources vives qui font gazouiller les ruisseaux et jaser, à petit bruit, les fontaines. Les pluies tombent, mais elles ne s'arrêtent plus. Elles courent au Rhône toutes chargées des terres qu'elles emportent et s'en vont avec elles agrandir le delta de la Camargue. Pour les eaux qui s'accumulent au fond des entonnoirs profonds de l'amphithéâtre jurassique, les voilà immobilisées, muettes, Dieu sait pour combien d'années, combien de siècles (1).

La différence est grande aussi, entre la fortune

---

(1) Ces eaux captives travaillent au fond des *combes* à la formation des tourbières. La couche d'argile qu'elles rencontrent à une faible profondeur, les empêche d'atteindre le terrain oolithique dont les fissures leur faciliterait le passage. Mais il arrive aussi que le remous incessant occasionné par la venue des eaux nouvelles, ronge et amincit si bien la couche d'argile que l'obstacle est enfin franchi et le voyage souterrain commence. Le vide faisant aspiration, les eaux descendent en tournoyant. Elles agissent sur la pierre comme le fe-

des deux pays voisins. La première fois que je franchis la frontière par le désert aride de Pontarlier, — une Espagne pour la pauvreté du sol, — je fus blessé au cœur de voir nos paysans francs-comtois si nécessiteux, et tout à coup, en passant un ruisseau, les gens de la Suisse si bien vêtus, si aisés, visiblement heureux! Je trouvais une population riche, non par la culture, mais par l'industrie (1).

Dans notre Franche-Comté plus agricole qu'industrielle, tout est précaire. La zone la mieux protégée n'est pas moins frappée par des gelées tardives. La vigne qui vient volontiers dans les terres salées, — le sel est répandu partout sur cette région de la France, — ne donne qu'une récolte en trois ou quatre ans. Le vigneron s'obstine pourtant, il patiente, il *attend mieux*.

Si vous atteignez la région des plateaux, vous ne rencontrez guère plus qu'une terre indigente. Des prairies de lichen sur le roc, des landes où se dressent des touffes de buis, végétation rigide et triste, malgré le vernis dont se lustre le feuil-

---

rait une tarrière. L'entonnoir qu'elles creusent s'élargit et s'approfondit toujours davantage. Un beau jour, on voit une petite rivière sortir gaiement de la falaise à quatre ou cinq cents pieds plus bas. Quand les eaux perforantes rencontrent tout à coup, dans la couche oolithique une excavation, alors la combe supérieure se vide en une fois tout entière, et fait, pour quelque temps, un lac souterrain. (V. le travail de M. Desor sur les tourbières du Jura suisse.) (Mme J.-M.)

(1) L'horlogerie.

lage, quelques labours ingrats ; voilà le maigre tapis qui a remplacé le riche manteau des chênes et des hêtres (1).

Le haut Jura, seul, a conservé ses forêts. Les courageux lutteurs qui se sont accrochés, comme ils ont pu, aux pentes croulantes, pour en arrêter la ruine, y tiennent encore. Ce n'est plus le grand sapin blanc dont les longs bras, les longs peignes sombres et retombants, semblent couler au fond des ravins comme des larmes de bronze. Un autre montagnard plus robuste, le dur lutteur des Alpes, le picéa, l'a remplacé. Il fait à lui seul la grande œuvre, le vrai métier de la forêt. L'homme n'intervient que pour le détruire et compromettre ainsi la vie de la montagne.

Le picéa, bien plus sobre que le sapin, sur ces hauteurs ne vit guère que d'air, de lumière, d'électricité, d'orages. Ils sont fréquents et parfois terribles dans le Jura. Il se plaît à braver ces tempêtes, il aime la lutte avec l'ouragan. Ses maigres racines, qui tiennent à peine au sol,

---

(1) La Franche-Comté était pourtant, naguère encore, le pays le mieux boisé de France. On comptait trente forêts sur la Saône, le Doubs et le Lougnon (Peuchet et Chanlaire, *Statistique du Jura*). La destruction a été inégale ; ainsi, dans la Haute-Saône, presque partout les bois et les prairies se mêlent et s'entrecroisent. La guerre, qui est l'ennemi des arbres, ici les a protégés. Les Francs-Comtois et les Bourguignons, si souvent en hostilité les uns contre les autres, conservaient avec soin les futaies comme un moyen de défense ou pour se préciser, entre ennemis, la limite de chaque camp. (M⁻ᵉ J. M.)

sont pourtant peu faites pour lui résister. Ce n'est qu'en se groupant, en se pressant, en serrant leurs rangs, leurs légions que ces intrépides résineux se soutiennent entre eux et soutiennent aussi les pentes du Jura dont la roche, bien plus friable que celle des Alpes, sans eux, s'en irait en débris.

Les associations fromagères du Jura qui ont tant occupé Fourier, se sont établies avec les troupeaux dans les clairières de la forêt. Chacun apporte son lait au fromage commun associant la mise et le profit. Cette propriété collective administrée par tous avec une défiante âpreté mérite à peine le nom d'associations. La race montagnarde, qui s'est peu mêlée aux autres races, garde encore son caractère primitif: grande circonspection, et grande défiance de l'homme pour l'homme.

L'intérêt humain de la montagne est plus bas, dans la vie du laboureur, à la merci du caprice des saisons, aux prises avec une terre généralement ingrate qui lui donne, à peine, dans les bonnes années, le tiers d'une récolte de la Brie dans les années moyennes. N'importe, elle est aimée du paysan franc-comtois cette terre aride; il l'a épousée, il est *un* avec elle (1). Sur les

(1) D'autres encore aiment « cette terre aride et pauvre qui porte plus de fleurs que de fruits ». C'est que malgré la pauvreté du sol.

pics, au bord des précipices où le pied tremblant de ses bœufs a peine à s'affermir, vous le verrez promener la charrue, fendre le roc, lui demander sa part de fécondité. Les déceptions ne le découragent pas. Elles sont plutôt pour cette race forte et patiente un aiguillon.

Le paysan de toutes ces régions frontières devrait être chose sacrée en souvenir de ce qu'il a fait pour la France dans le passé. Personne, sans lui, n'aurait habité les marches dangereuses, la terre eût été déserte, il n'y eût eu ni peuple ni culture. Le sort de l'antique Franche-Comté, a été précisément de recevoir le premier choc des invasions. Attila fondit sur elle avec ses hordes barbares. Les Huns, qui autrefois avaient forcé les Goths à passer

ce ne sont pas, ici, les tristesses désolées des choses mortes. « Ces grands horizons tranquilles et faits pour le rêve, cet air vif et léger, pur et sonore, cette nature sympathique, pleine de reflets, de vapeurs et d'ombres errantes où la terre semble avec le ciel en constante correspondance, où les nuages qui courent sur les cimes des montagnes, les rayons qui dorent les pentes, les brumes qui montent de leurs pieds, les cascades et les forêts sur leurs flancs, les troupeaux dans les pâturages, les villages dans les vallées, les fumées aux toits, les chariots sur les routes forment des harmonies tranquilles d'une incomparable douceur. » (Louis de Ronchaud. *Contes d'automne.*) Ce Franc-Comtois si visiblement attaché à ses montagnes, est pourtant resté un peintre impartial. L'observateur exact accompagne le poète lorsqu'il ajoute : « Le soleil est le grand magicien qui donne à ces paysages du haut Jura la vie et la beauté sans lui tout y serait nu et morne. Quand la dentelure des horizons a disparu sous l'amas des nuées qui couvrent d'un voile obscur les clartés du soir ou du matin, tout l'intérêt s'en va de ces scènes décolorées et vides, tout le charme en est retiré. »

le Danube, entraînèrent les autres Germains demeurés en Germanie et, tous ensemble ils passèrent le Rhin. La tribu primitive restée plus près de l'Asie suit par troupeaux la cavalerie asiatique et vient demander une part de l'empire à ses enfants qui l'ont oubliée. Mais après une si longue séparation, les tribus ne se retrouvent que pour se combattre et pour s'égorger. Le fils ne reconnait pas son père, et celui-ci se voit dans la nécessité de tuer son fils.

Depuis, que d'usurpations, de représailles sanglantes de la part des peuples voisins, que de guerres civiles entre frères, entre Franc-Comtois et Bourguignons, que de razzias !... Charles le Téméraire qui se connaissait en hommes, pour guerroyer l'Alsace, la Suisse, la Lorraine, prenait l'argent de la Flandre, mais les hommes d'armes à la Franche-Comté, à la Bourgogne. Les devises si expressives, qui sont le patrimoine des Francs-Comtois, disent assez tout ce que ce pays a, pendant de longs siècles, enduré, souffert !... (1)

L'antique nature, à l'inverse des hommes, avait beaucoup fait pour la Franche-Comté.

---

(1) La devise de Besançon : *Plût à Dieu!* Les seigneurs de Dortan : *Mieux j'attends*. Des Granvelle : *Durer, Durate*. Olivier de la Marche : *Tant a souffert!* Mettez en regard les devises impérieuses et violentes des maîtres, étrangers d'ailleurs au pays; Philippe le Hardi : *Moult me tarde!* Charles le Téméraire : *J'ai hâte!* N'y eut-il pas dans ces deux mots, dits par un tel homme,

La terre, si longtemps maltraitée, ne se montre aux yeux du passant que par son côté hostile, sa surface aride. Mais ouvrez ses entrailles, vous y trouvez des trésors qui ne demandent qu'à se donner. Ces trésors sont les carrières de marbre, les mines de fer, de houille, de lignite, les énormes dépôts de sel gemme. Le fer répandu un peu partout sur toute la France, — ce qui lui vaut peut-être son aimantation rapide, — s'est concentré en Franche-Comté, dans la Haute-Saône avec la houille et le lignite; Salins, à lui seul, alimente de sel toute la Suisse. Le Doubs en donne aussi et le Jura (Lons-le-Saunier, nom significatif) mais le Doubs est surtout, pour le pays, le grand manufacturier de la tourbe.

Le Haut Jura se charge de fournir à l'industrie, à la marine, les sapins de la montagne; à l'alimentation, ses bœufs, ses fromages, la

---

de quoi effrayer le monde? Vous lirez peut-être un jour, gravée sur le tombeau d'une abbesse de Château-Châlons, cette significative épitaphe :

> Après. . . . .
> Après la piété constante
> D'une âme toujours agissante.

L'action, toujours l'action, voilà bien, en effet, la vraie devise de ce peuple courageux, vaillant, modeste dans sa force, qui n'oppose aux mécomptes dont sa vie est pleine, qu'un travail incessant, une ingénieuse et patiente industrie.

grande ressource du pauvre, le miel parfumé de ses landes.

Besançon, comme Grenoble, fut encore une république ecclésiastique, sous son archevêque, prince d'empire, et son noble chapitre. Mais l'éternelle guerre de la Franche-Comté contre l'Allemagne, au moyen âge, y rendit la féodalité plus pesante. La longue muraille du Jura avec ses deux portes de Joux (1) et de la Pierre-Pertuis, le Fort de l'Écluse en face de la Savoie, puis, les replis du Doubs, enserrant Besançon, c'étaient de fortes barrières. Cependant Frédéric Barberousse n'y établit pas moins ses enfants pour un siècle. Par les femmes, les mariages, le pays, jusqu'à Louis XI (2), fut tantôt à la France, tantôt à l'étranger. A la mort de Marie, fille de Charles le Téméraire, il nous échappa définitivement. Charles VIII ayant à choisir entre Anne de Bretagne et Marguerite de Bourgogne,

(1) Le fort de Joux, sur son pic escarpé, a maintes fois servi de prison. Mirabeau y fut enfermé par son père ; Toussaint Louverture par les ordres de Napoléon Ier. Ce pauvre noir, qui arrivait du climat brûlant des Antilles, y mourut bientôt de froid et de misère.

(2) Il avait épousé Béatrix, fille de Renaud, comte héréditaire de la Franche-Comté.

prit la Bretagne. Le traité de Senlis adjugea la Franche-Comté à l'Autriche, c'est-à-dire à Charles Quint et à ses descendants espagnols qui la gouvernèrent par des vice-rois. Un traité nous l'avait enlevée, un traité nous la rendit, le traité de Nimègue. Mais il fallut avant, que Louis XIV, à qui elle avait été promise comme dot de sa femme Marie-Thérèse, la prit par droit de conquête.

L'influence de l'Église et de la féodalité a été forte en Franche-Comté. Ce fut sous les serfs de l'église, à Saint-Claude, lieu de grand pèlerinage, comme dans la pauvre Nantua de l'autre côté de la montagne, que commença l'industrie de ces contrées. Attachés à la glèbe, ils taillèrent d'abord des chapelets pour l'Espagne et pour l'Italie. Il y avait encore des serfs de prêtres en 89. La Révolution les affranchit.

La Franche-Comté, fortement espagnole d'inclination et de mœurs, fut pourtant celle de nos provinces qui sentit le plus vivement le bonheur de la délivrance.

Ces serfs, aujourd'hui qu'ils sont libres, couvrent les chemins de rouliers, de colporteurs, de gens d'affaires.

Des parties les plus stériles du Jura et du Doubs, celles que les guerres ont tant de fois ruinées, s'écoulent les émigrants.

Un remarquable esprit de mesure caractérise les Francs-Comtois. Ils ont eu de bonne heure deux choses : savoir faire, savoir s'arrêter. Savants et philosophes, érudits et littérateurs, tous les Comtois distingués se recommandent par ce caractère. L'universalité est précoce en Franche-Comté, mais aussi la précision, la mesure, j'allais dire l'arrêt. Ainsi, Nodier commence le mouvement romantique et s'arrête (1). Cuvier donne la plus grande centralisation scientifique, il ne la fait pas marcher en avant. C'est là le trait caractéristique : savoir tout et savoir s'arrêter.

Le règne des Francs-Comtois a commencé sous Philippe le Bon. Ses prédécesseurs Philippe le Hardi et Jean sans Peur choisissaient dans le parlement de Paris les chanceliers et présidents de leur parlement de Bourgogne. Philippe le Bon et son fils Charles le Téméraire prennent des Francs-Comtois pour ministres. A dater de

---

(1) « Victor Hugo, dit Michelet, doit être tenu à part. S'il est pour moitié de son sang Franc-Comtois, son éducation toute espagnole a certainement modifié son génie. » « Et moi aussi, s'écrie M. de Lamartine, j'ai la moitié de mes aïeux dans ces forêts, dans ces torrents, et dans ces donjons de la vallée de Saint-Claude ! » Citons de lui ce merveilleux jugement sur ses compatriotes, les deux grands socialistes Fourier, Proud'hon : « Ces esprits spéculatifs qui écrivent leur poésie en chiffres et qui aiment mieux inventer l'impossible que de ne rien inventer du tout. » Courbet était d'Ornans. Jouffroy, des Pontets (Jura). Parmi les vivants, deux noms francs-comtois s'imposent : M. Grévy, M. Pasteur. (Mme J. M.)

ce moment ils seront les vrais rois. La maison de Bourgogne se remet à eux pour deux siècles. Ils alterneront avec les Picards, les Croy, les Humbercourt, les Commines. Il y aura entre eux émulation de zèle. Le personnel de Charles Quint sera bien supérieur à celui du roi de France. Les Armeniet, les Raulin commencent, et sont continués par les de Goux, les Rochefort, les Carondelet, familles de légistes, de procureurs diplomates qui se pousseront dans la robe et dans l'épée. Les descendants des Rochefort, très guerriers, prisonniers à Pavie, tués à Saint-Quentin, à Philisbourg...

Chose curieuse, fournissant tant de légistes et de gens d'affaires très avisés, la Franche-Comté ne donne nul grand légiste révolutionnaire comme Dumoulin, ni interprète comme Cujas.

Les Armeniet, les Carondelet commencent seulement la rédaction des coutumes de Bourgogne, les Rochefort la continuent en France. Sages et habiles, au quinzième siècle ils organisent ; au seizième, ils négocient, gouvernent longtemps, à petit bruit ; les Armeniet, les Raulin, les Carondelet, les Ferry, les Granvelle, surtout aux Pays-Bas, les Rochefort, surtout en France. C'est sous Granvelle que la tyrannie de la dynastie franc-comtoise éclate. Leur tradition d'impérialisme romain, de procédures secrètes furent pourtant connues dès l'époque où le chancelier Raulin, armé d'un simple billet de son maître absent, fit étouffer entre deux matelas le sire de Granson, accusé d'avoir voulu soulever la noblesse.

Le premier des Granvelle, d'abord l'homme de Marguerite d'Autriche, devient ensuite le conseiller de son neveu, de Charles Quint. Négociateur à Calais, à Madrid où il voudrait adoucir, il accompagne son maître à Tunis, écrit l'expédition, préside le colloque de Worms, assiste à l'ouverture du concile de Trente. A sa mort, Charles Quint écrit à Philippe II : « Nous avons perdu un bon lit. »

Son fils, qui lui succède, sera l'avisé Granvelle, le verbeux rédacteur de la diplomatie impériale pendant trente ans. Vous verrez à Besançon son palais bâti en pierres grises. Rien n'y est donné à la fantaisie. Il m'a rappelé un bâtiment universitaire que j'ai vu en Angleterre, le collège d'Oxford. Le palais de Granvelle est plus sérieux.

Presque tous ces Francs-Comtois sont descendus de la montagne. Raulin, de Poligny; Olivier, de la Marche, de Joux; les Rochefort, les Carondelet, les de Goux, de Dôle ou tout près. Armeniet est d'en bas, de Besançon, les Granvelle, d'Ornans. Il y a chez ces montagnards, sous forme contenue, une forte affirmation de la personnalité de la race. De ces poitrines s'échappe, avec la parole toujours un peu haletante, un souffle de grande volonté.

De la Franche-Comté, aussi, Rouget de l'Isle, le chant héroïque de la patrie et Goudimel le chant sacré. Il fit la musique des psaumes de Mozart et de Bèze ; il y mit la sève austère et pure de ses montagnes du Jura.

XIX

LA LORRAINE

Située sur la limite des deux langues, au combat des deux races, une éternelle bataille fut la vie de la Lorraine au moyen âge. Au moment où s'éteint la dynastie carlovingienne, où se fondent les diverses dominations féodales qui fermeront la France aux invasions barbares, commence sa lutte avec l'Empire. Lutte de la ruse héroïque et de la force brutale personnifiée dans l'Allemand Zeventebold, roi de Lorraine, et le Français Rainier (Renier, renard?) d'où viennent les comtes de Hainaut. La guerre du loup et du renard est la grande légende du nord de la France, le sujet des fabliaux et des poèmes populaires : un épicier de Troyes a donné, au quinzième siècle, le dernier de ces poèmes.

Pendant deux cent cinquante ans, — à partir

du milieu du onzième siècle, — la Lorraine eut des ducs alsaciens d'origine qui, au dernier siècle, ont fini par être empereurs.

Ces ducs furent presque toujours en guerre avec l'évêque et la république de Metz, avec la Champagne, avec la France. Cette marche de Lorraine et Champagne tant disputée, a cruellement souffert de la longue guerre entre l'Est et l'Ouest, entre le roi et le duc pour la possession de Neufchâteau et des places voisines; puis, de la guerre du Nord avec le Sud, entre Bourguignons et Armagnacs.

La ville de Vaucouleurs, dont le village de Domremy dépendait, était le grand passage de la Champagne à la Lorraine, la droite route d'Allemagne et celle aussi des bords de la Meuse, la croix des routes. C'était pour ainsi dire la frontière des partis. Le souvenir de ces jours sans pitié ne put s'effacer jamais. Il existe toujours. On montre encore, près de Neufchâteau, un arbre antique, au nom sinistre, dont les branches ont sans doute porté bien des fruits humains : *Le Chêne des partisans.*

Les pauvres gens des *marches* avaient l'honneur d'être sujets directs du roi, c'est-à-dire qu'au fond ils n'étaient à personne, n'étaient appuyés ni ménagés de personne, qu'ils n'avaient de seigneur, de protecteur que Dieu. Les populations sont sérieuses dans une telle situation, elles savent qu'elles n'ont à compter sur rien, ni sur les biens, ni sur la vie. Elles labourent et le soldat moissonne.

Mais si les princes de Lorraine et de Bar, rivaux eux-mêmes entre eux, furent presque toujours en guerre avec la France, disons à leur honneur qu'ils ne perdirent, toutefois, aucune occasion de se faire tuer pour elle. Dès qu'il y a une grande bataille à livrer contre les ennemis de la France, ils accourent dans nos rangs. Leur histoire est uniformément héroïque : tués à Crécy, tués à Nicopolis, tués à Azincourt, tués à Auray, etc.

La bravoure, l'esprit batailleur, voilà les Lorrains; ils sont aussi, volontiers, intrigants et rusés. Témoin, ces deux Lorrains que nous trouvons au siège d'Orléans. Tous deux y déploient le naturel facétieux de leur spirituel compatriote Callot; l'un, le cannonier maître Jean qui, de temps à autre faisait le mort, se laissait choir ; on l'emportait dans la ville, les Anglais étaient dans la joie ; alors, il revenait plus vivant que jamais et tirait sur eux de plus belle. L'autre, un chevalier qui fut pris par les Anglais, chargé de fer, et qui, à leur départ, revint à cheval sur un moine anglais.

Nulle province n'est plus française. Soit que

vous y entriez à l'Est par l'Alsace, ou au Nord par Longwy, vous êtes frappé, dès la frontière, du changement de physionomie. Rien de plus vif, de plus énergique que cette population dont la petite tête porte de si lourds fardeaux ! A Sarrebourg, vous sentez tout à fait la France à l'air éveillé, spirituel des femmes, au petit vin de Moselle...

A Longwy, la France apparaît tout aimable. La plupart des figures sont intelligentes, martiales, distinguées, de la grâce dans l'attitude, de la grâce dans le mouvement. La vivacité de nos soldats, leur pas leste, la manière originale dont ils sonnent la trompette et battent le tambour, la vive allure des postillons auxquels il n'est plus besoin de parler de pourboire pour aller vite, tout cela, c'est bien la France.

Et pourtant, lorsque de la riche plaine d'Alsace, de Saverne, vous montez par les bois de la montagne, au sommet de la Lorraine, qu'elle vous semble, en comparaison, pauvre et sèche ! Cette pauvreté est plus sensible encore dans le vaste pays qui s'étend de Metz à Phalsbourg par Saint-Avold et Sarre-Union. Terre stérile, pays vide; quelques maigres bois, au loin les monts d'Alsace !...

Entre Longwy et Montmédy, rien qui anime le paysage, nul château, nulle ruine sur les sommets, aucune ferme isolée qui indique la confiance. Sur les vastes campagnes, entre les bois et les pâturages, des villages pauvres, mais neufs ; on a soigneusement tout détruit.

La Lorraine des Vosges qui nous a donné la Pucelle a un tout autre caractère. Cette partie élevée de la France d'où descendent de tous côtés des fleuves vers toutes les mers était, au moyen âge, couverte de forêts, forêts vastes et telles que les Carlovingiens les jugeaient les plus dignes de leurs chasses impériales. Dans les clairières de ces forêts s'élevaient les vénérables abbayes de Luxeuil et de Remiremont.

C'est entre la Lorraine des Vosges et celle des plaines, entre la Lorraine et la Champagne que naquit, à Domremy, la pauvre paysanne Jeanne d'Arc qui devait si bien porter l'épée de la France. Jeanne n'eut point l'âpreté lorraine, mais bien plutôt, par son père, la douceur champenoise, la naïveté mêlée de sens et de finesse, comme vous la trouvez dans Joinville. En elle apparut, pour la première fois, la grande image du peuple sous une forme originale et pure. Par elle, la Lorraine se trouvait pour toujours mariée à la France. Le duc même, qui nous disputait les marches de la Champagne, qui avait un instant méconnu le roi et lié les pennons royaux à la queue de son cheval, maria pourtant sa fille à un prince du sang, René d'Anjou, comte de Bar, beau-frère de Charles VII. En même temps, il assembla les États de son duché, leur fit reconnaître la Lorraine comme fief féminin et sa fille comme héritière. C'était les donner à la France (1).

La maison de Lorraine, remuante et guerrière s'il en fut, adoucie par le sang d'Anjou, devait ensorceler tous les peuples. Héros de roman autant que d'histoire, ces princes de Lorraine devaient, en deux siècles, essayer, manquer tous les trônes. Aventureuse famille, rarement heureuse, toujours adorée. Je parle de la branche cadette qui a donné, dans les Guise, des chefs au parti catholique contre les calvinistes (2).

Nous avons vu la tentative folle de Charles le Téméraire pour s'emparer de la Lorraine (3).

(1) La Lorraine nous est venue, cependant, par morceaux. Le Barrois (duché de Bar, Meuse), légué à Louis XI par René d'Anjou, 1480. Les trois évêchés de Toul, Metz et Verdun conquis par Henri II, 1552. Le Luxembourg français : Thionville, Montmédy, Longwy, cédés par l'Espagne (Traité des Pyrénées, 1659). Le même traité nous donna Carignan. Le pays de la Sarre, ou Lorraine allemande, nous vint par le traité d'Utrecht, 1715. Le mariage de Marie Leczinska avec Louis XV nous donna la Lorraine proprement dite. (M*** J. M.)

(2) Cependant à la fin ces Lorrains ont fait fortune en laissant la Lorraine pour épouser l'héritière d'Autriche. Mais cela n'est arrivé que lorsqu'ils ont perdu l'esprit de famille et rassuré l'Europe par une sage médiocrité.

(3) Voir page 22.

Cette belle plaine de Nancy, cette ville élégante et guerrière lui semblait, autant et plus que Dijon, le centre naturel de l'empire bourguignon, il l'eût voulue pour capitale. Mais là vint s'achever le destin de la maison de Bourgogne.

Vous pourrez voir à Nancy la dalle, le *pavé noir* où l'on étendit mort le grand vaincu. Elle donne encore la mesure de sa taille (1).

(1) Voyez aussi, près de la ville, le marais où l'on a élevé la colonne commémorative. Ce marais, habilement inondé tous les ans, est couvert de beaux légumes. On attribue sa fécondité à la chair des Bourguignons. Mais les pauvres Bourguignons furent tués sur une longueur de plusieurs lieues, depuis Saint-Nicolas (près duquel le duc avait dressé sa batterie pour foudroyer le chemin, que les Suisses tournèrent) jusqu'à la *chapelle de Bon-Secours,* qui déjà existait. Le duc y avait mis son arrière-garde et il la rejoignait, blessé, lorsqu'il enfonça dans l'eau faiblement glacée au confluent des deux ruisseaux, tout près des peupliers où il avait fait pendre Siffron.

La tradition populaire a très bien conservé le lieu. Il suffit de regarder pour voir que le terrain se déprime à l'endroit où les deux ruisseaux se rencontrent. Le courant et le remous empêchèrent l'eau de geler sur ce point aussi fortement qu'au dessus et au-dessous. C'est là que Charles le Téméraire enfonça. La colonne n'est donc pas à sa place.

XX

SUITE DE LA LORRAINE – LES ÉVÊCHÉS DE TOUL, METZ ET VERDUN

Metz, devenue depuis la conquête des Francs, la capitale du royaume d'Austrasie et comprise par Charlemagne dans la Lorraine, fut reconnue, en 950, ville libre impériale. Sous son évêque même, Metz était libre, comme Liége, comme Lyon; elle avait son échevin, ses Treize, ainsi que Strasbourg. De l'orgueilleuse maison épiscopale de Metz, sortira la seconde race de nos rois. La tige de la dynastie carlovingienne fut l'évêque de Metz, Arnulf. Elle commence en Pépin, son petit-fils, et se continue en Charles Martel et Charlemagne (1).

Entre la grande Meuse et la petite (la Moselle,

---

(1) Les évêques ayant souvent contracté mariage avant d'entrer dans les ordres, transmettaient sans peine leurs droits à leurs fils ou petits-fils.

Mosula), les trois villes ecclésiastiques, Metz, Toul et Verdun, placées en triangle, formaient un terrain neutre, une île, un asile aux serfs fugitifs. Les juifs même, proscrits partout, étaient reçus dans Metz. C'était le *border* français entre nous et l'empire. Là, il n'y avait point de barrière naturelle contre l'Allemagne, comme en Dauphiné et en Franche-Comté. Les beaux ballons des Vosges, la chaine même de l'Alsace, ces montagnes à formes douces et paisibles, favorisaient d'autant mieux la guerre. Cette terre ostrasienne, partout marquée des monuments carlovingiens (1), avec ses douze grandes maisons, ses cent vingt pairs, avec son abbaye souveraine de Remiremont, où Charlemagne et son fils faisaient leurs grandes chasses d'automne, où l'on portait l'épée devant l'abbesse (2), la Lorraine offrait une miniature de l'empire germanique. L'Allemagne y était partout pêle-mêle avec la France, partout se trouvait la frontière. Là aussi se forma, et dans les vallées de la Meuse et de la Moselle, et dans les forêts des Vosges, une population vague et flottante, qui ne savait pas trop son origine, vivant sur le

(1) On voyait à Metz le tombeau de Louis le Débonnaire et l'original des *Annales de Metz*, Mss. de 894.

(2) L'abbesse de Remiremont était princesse du saint Empire, avait ses grands officiers, tout une cour féodale et pour vassal le duc de Lorraine.

commun, sur le noble et le prêtre, qui les prenaient tour à tour à leur service. Metz était leur ville, à tous ceux qui n'en avaient pas, ville mixte s'il en fut jamais. On a essayé en vain de rédiger en une coutume les coutumes contradictoires de cette Babel. C'était, dès l'origine, un peuple agriculteur et commerçant qui envoyait des blés à César dans la Gaule romaine du Midi : *Lœtum fronte severa ingenium* — Auson.

Nous avons déjà vu Metz obligée de lutter avec les évêques et les ducs de Lorraine pour sauvegarder son indépendance. Affranchie des premiers, elle était devenue une riche république marchande. Autour de Metz s'entr'ouvraient les routes ; mais les invasions se faisaient plus haut ou plus bas. Derrière le rideau de montagnes qui la protégeait, elle fut plus ménagée que les autres villes lorraines. Leur position exposée les obligeait d'être singulièrement sages et avisées. Mais soldant les meilleurs hommes d'épée, les plus braves aventuriers du pays, elles se trouvaient souvent compromises par eux avec les seigneurs et même avec leur duc qui les convoitait.

Au-dessus des brouilles locales planait toujours la grande querelle. Metz et les autres villes libres, Toul, Verdun, étaient-elles françaises ou allemandes? Quelle était la vraie et légitime frontière de l'empire? Français de langue, Allemands d'intérêts, les Messins eussent voulu l'empire sans l'empereur. Toul et Verdun crurent plus prudent de se mettre sous la protection des rois de France. Metz ayant sous sa dépendance d'autres villes et autour d'elle vingt-quatre ou trente forts se sentait souveraine et voulait être indépendante. Ni à l'Allemagne, ni à la France, mais rester ville libre et neutre, c'est-à-dire un poste d'avant-garde, être un bouclier protecteur entre les deux nations.

François de Guise aida Henri II à prendre les trois principautés sur Charles Quint. Ces trois évêchés devinrent le fief d'un autre Guise, du cardinal de Lorraine.

XXI

L'ALSACE

Je n'irai pas au delà. Je m'abstiens de franchir la montagne, de regarder l'Alsace. Si je vous découvrais, divine flèche de Strasbourg, si j'apercevais mon héroïque Rhin, je pourrais bien m'en aller au courant du fleuve, bercé par leurs légendes, vers la rouge cathédrale de Mayence, vers celle de Cologne, et jusqu'à l'Océan; ou peut-être resterais-je enchanté aux limites solennelles des deux empires, aux ruines de quelque camp romain, de quelque fameuse église de pèlerinage, au monastère de cette noble religieuse qui passa trois cents ans à écouter l'oiseau de la forêt (1).

(1) Nous n'avons pas voulu effacer ces lignes écrites en 1833. Elles sont un trop éloquent témoignage de la grande amitié que ce cœur, si profondément français, portait à l'Allemagne qu'il croyait, non pas opposée à la France, mais parallèle. Dans un même sentiment, nous avons conservé à l'Alsace, dans ce livre, la

Je vous salue de loin, de cœur, chère Alsace ! Petite France, plus France que la France qui sympathisiez d'ailleurs avec l'Allemagne. Il fallait bien se garder de briser ce lien entre deux peuples unis, quand même, par tant d'intérêts communs. Hier Strasbourg à la limite de deux mondes si différents, c'était l'intermédiaire, la bonne conciliatrice entre deux races. Non pas seule, mais dans la belle fédération des villes du Rhin si chères aux amis des libertés de l'esprit. Tout aimables et si sociables, elles n'ont pas les habitudes de la vie enfermée, pesante, qui est propre à l'Allemagne. Elles sont pleines d'air et de soleil. Elles étaient liées jadis aux libres cités de la Suisse par une bonne confraternité. Elles s'aimaient, se secouraient ces voisines, et, si promptement par la descente du Rhin ! Pour le faire sentir à leurs amis de Strasbourg et leur prouver qu'ils étaient tout près et à portée de les défendre, ils s'avisèrent, à une fête de l'arc que donnait cette ville, d'apporter un gâteau cuit en Suisse, et qui arriva, tiède encore, à Strasbourg.

Lorsque Charles le Téméraire dans son insatiable avidité, crut le moment venu d'agréer les offres de l'Autriche qui lui voulait *engager* ce

place qu'elle occupait dans le *Tableau de la France*. Hier en nous, aujourd'hui hors de nous, comment paraître l'avoir oubliée et nous être résignés à la séparation ?... ses ravisseurs, eux-mêmes, ne nous le pardonneraient pas. (M⁻ J. M.)

qu'elle avait de l'Alsace et partie de la Forêt-Noire ; lorsqu'il tomba lui-même sur le pays, que sa bannière redoutée apparut aux défilés des Vosges, pour faire grâce et justice ; lorsque son féroce représentant, Hagenbach, fit décapiter quatre habitants de la ville de Thann qui refusaient de payer le *mauvais denier*, la taxe détestée sur le blé, le vin, la viande ; lorsque Mulhouse contre laquelle le duc avait prononcé des paroles terribles, se mit à réciter les prières des agonisants ; que Brissach livrée au pillage, fut contrainte de sortir tout entière pour travailler aux fossés de la ville, la France s'unit au Rhin, à la Suisse pour délivrer l'Alsace, payer son rachat. Les villes du Rhin donnèrent la main aux villes suisses. Elles se cotisèrent. Un agent du roi de France courut les cantons la bourse à la main ; on fit en un instant les quatre-vingt mille florins pour lesquels le pays avait été engagé et qui devaient le racheter. Il fallut que le duc restituât l'Alsace à l'Alsace.

Les rapports des villes du Rhin avec la Hollande et la Hanse, n'étaient pas moins intimes.

Ainsi, des quatre côtés, Strasbourg, Francfort, etc., étaient des médiatrices entre les nations. Elles l'ont été pour le monde par la grande révélation moderne de l'imprimerie.

Leur littérature à elles, rieuse, légère et satirique, diffère beaucoup de l'allemande. Le grand Gœthe, né à Francfort, a fait ses études à Strasbourg. La bonne ville pour y vivre ! abondante en toute denrée, en livres, en secours de tous genres ! Mêlée d'études, de commerce, d'un grand souffle militaire ; partout vous retrouvez les belles ardeurs sanguines à la Kléber. Vie joyeuse et vie sérieuse. Ville de cœur, où la bonhomie naïve de l'antique Alsace met un charme singulier. Tout y est ennobli par la solennité guerrière de la position et par les hautes pensées que donnent ses monuments, les œuvres de ses grands maçons imitées de toute la terre(1). Toute une école de poètes, de savants, d'artistes, est sortie de Strasbourg, de Cologne, une littérature entière, celle de l'*Art sur le Rhin*. Le Rhin, fleuve sacré, plein d'histoires et de mystères. Héroïque entre Mayence et Cologne, où il perce sa route à travers le basalte et le granit, au midi et au nord de ce passage féodal, à l'approche des villes saintes, de Cologne, de Mayence et de Strasbourg, il s'adoucit, devient populaire. Ses rives ondulent doucement en belles plaines ; il coule silencieux sous les barques qui filent et

---

(1) **Cologne et Strasbourg ont moins de sculptures que Reims, leur caractère est plus abstrait, elles tendent au ciel par leur élévation. La ronde église de Mayence est l'image du Saint-Empire romain, ce monde germanique, ce centre de la féodalité.**

les rets étendus des pêcheurs. Mais une immense poésie dort sur ce fleuve. Cela n'est pas facile à définir ; c'est l'impression vague d'une vaste, calme et douce nature. Peut-être une voix maternelle qui rappelle l'homme aux éléments et, comme dans la ballade, l'attire altéré au fond des fraîches ondes.

L'Alsace, il y a deux siècles, se donna à la France de volonté (1). Ce ne fut pas un rapt, car ce fut un mariage. Il n'y en eût jamais de plus fidèle.

Non seulement c'était la France, mais avec un caractère de bonté généreuse que n'ont pas beaucoup de nos provinces françaises.

Dans sa production grandiose, agriculture, industrie, elle ne s'est pas seulement occupée de la chose mais de l'homme aussi. Elle a eu le souci de la vie humaine. Dans la guerre, les héros de l'Alsace ont eu un esprit de paix.

Qu'il est touchant de lire les notes de Kléber dans l'affreuse guerre de la Vendée ! Quel cœur ! Quelle humanité !

Il y avait une chose plus forte, plus décisive

(1) **Traité de Westphalie, 1648.**

qui devait nous garder cette portion de la Patrie; c'est que le grand chant de la France, celui que, je ne sais pourquoi, on nomme la *Marseillaise*, jaillit de ce brûlant foyer national, incandescent, aux frontières, devant l'ennemi. Ce chant ne se fit qu'à Strasbourg. Et celui qui l'y trouva, une fois sorti de l'Alsace, n'a plus rien tiré de lui (1).

(1) Le génie musical et enfantin de l'Allemagne commence avec ses poétiques légendes. Les ménétriers d'Alsace tenaient régulièrement leurs assemblées. Le sire de Rapolstein s'intitulait le *Roi des Violons*. Les violons d'Alsace dépendaient d'un seigneur, et devaient se présenter, ceux de la haute Alsace à Rapolstein, ceux de la basse à Bischewiller.

XXII

LES ARDENNES

En descendant de Lorraine aux Pays-Bas par les Ardennes, la Meuse, d'agricole et industrielle, devient de plus en plus militaire. Verdun et Stenay, Sedan, Mézières et Givet, Maëstricht, une foule de places fortes, maîtrisent son cours. Elle leur prête ses eaux, elle les couvre ou leur sert de ceinture. Entre ces villes, c'est la *marche d'Ardennes*, la grande forêt des petits chênes, le royaume du Sanglier, puis l'éternelle batterie des batteurs en cuivre, Dinant, une petite Liège, même avant Namur.

S'il est un fleuve guerrier, c'est la Meuse ; mais ce n'est pas sa faute ; elle porte tout le combat des races et des langues. Cette petite France aventurée au sein de l'Allemagne, reste France tant qu'elle peut. Voyez comme cette Meuse née où naît la Pucelle, tourne à Mézières pour éviter le pays allemand ; la Sambre lui apporte encore de Picardie un flot, un souffle de la France ; les trois rivières allemandes qui lui viennent ensuite, toutes navigables qu'elles sont, ne peuvent rien changer à sa langue, à son esprit ; il faut avant qu'elle se perde aux contrées étrangères, qu'elle ait porté sa grande Liège, dernière alluvion de la patrie.

Ce pays wallon, c'est la France encore. Outre la communauté de langue et d'esprit, Liège et Dinant trafiquaient avec la haute Meuse, avec nos provinces du Nord. Le *pot*, le *chaudron héréditaire* qui pendant de longs âges fit l'honneur du foyer de nos pères et semblait constituer la famille, leur étaient apportés par les colporteurs du pays de la Meuse. Ceux qui forgeaient ce pot, les batteurs en cuivre de Dinant, — qu'il faut bien se garder de comparer à nos chaudronniers de l'Auvergne et du Forez, des ouvriers en fonte (1) — ne pouvaient manquer d'être tout au moins les cousins de la France. Ils le prouvèrent dans nos affreuses guerres anglaises où tant de Français affamés trouvèrent

---

(1) Dans les ouvrages de fonte, on sent toujours, à une certaine rigidité, qu'il y a eu un intermédiaire inerte entre l'artiste et le métal. Dans la batterie, la forme naît immédiatement sous la main humaine, sous un marteau vivant comme elle qui doit rester fidèle à l'art, battre juste tout en battant fort ; les fautes en ce genre de travail une fois imprimées du fer au cuivre, ne sont guère réparables.

au pays de Liège, un bon accueil, un cœur fraternel.

Dès le treizième siècle, le lien fut très fort entre les deux pays. Les Français, à travers mille périls, allaient visiter en foule le grand Saint-Hubert (1).

Les Liégeois de leur part, n'étaient guère moins dévots au roi de France ; leur pèlerinage était Vincennes. C'est là qu'ils venaient faire leurs terribles histoires des nobles brigands de la Meuse qui, non contents de les piller, mettaient la main sur leurs évêques.

Nos rois s'avisèrent d'avoir sur le fleuve, contre ces brigands, un brigand à eux. Ils prirent les La Mark, les fameux *Sangliers des Ardennes ;* nous les tenions par une chaîne d'argent et nous les lâchions au besoin. Par force, par vol ou mariage, ils eurent les châteaux des montagnes. Au quinzième siècle, ils achetèrent la principauté de Sedan, en firent un grand asile entre la France et l'Empire. Ces *sangliers,* comme on les appelait du côté allemand, donnèrent à la France plus d'un excellent capitaine. Sous Louis XII et François Ier, le brave Fleuranges, fils de Robert de La Mark, —

---

(1) Nos rois s'intitulaient les fondateurs et protecteurs de la célèbre abbaye. L'abbé envoyait tous les ans au roi six chiens courants et six oiseaux de proie.

l'un des chefs des bandes noires, — blessé quarante fois à Novarre, et vainqueur à Marignan.

Par mariage, ces La Mark aboutissent glorieument à Turenne.

———

Tout ce pays est boisé comme pour masquer la défense de l'attaque aux approches de la Belgique. De longue date les révolutions politiques ont peuplé de bannis ces forêts. Chassés une fois, ils ne rentraient guère, parce que leurs biens étaient partagés ou vendus. Beaucoup de ces pauvres gens de la Meuse, plutôt que d'aller chercher fortune au loin, erraient dans le pays. Les déserts du Limbourg, du Luxembourg, du Liégeois, les *sept forêts d'Ardennes*, les cachaient aisément ; ils menaient sous les arbres la vie de charbonniers ; seulement quand la saison devenait trop dure, ils rôdaient autour des villages, demandaient ou prenaient.

Cette grande forêt d'Ardennes, la *profonde* (arduinn), s'étend de tous côtés, plus vaste qu'imposante. Vous rencontrez des villes, des bourgs, des pâturages ; vous vous croyez sorti des bois, mais ce ne sont que des clairières. Les bois recommencent toujours ; toujours les petits chênes, humble et monotone océan végétal, dont vous apercevez de temps à autre, du sommet de quelque colline, les uniformes ondulations. La forêt ou plutôt les *sept forêts*, était bien plus continue autrefois. Les chasseurs pouvaient courir, toujours à l'ombre, de l'Allemagne, du Luxembourg en Picardie, de Saint-Hubert à Notre-Dame-de-Liesse. Bien des histoires se sont passées sous ces ombrages ; ces chênes tout chargés de gui, ils en savent long, s'ils voulaient raconter. Depuis les mystères des druides jusqu'aux guerres du Sanglier des Ardennes, au quinzième siècle ; depuis le cerf miraculeux dont l'apparition convertit saint Hubert, jusqu'à la blonde Iseult et son amant. Ils dormaient sur la mousse, quand l'époux d'Iseult les surprit ; mais il les vit si beaux, si sages, avec la large épée qui les séparait, il se retira discrètement.

Si vous entrez par la Belgique, le pays, de Givet à Rocroy est singulièrement triste et solitaire. Rocroy, même est une solitude. De ce côté des Ardennes, les horizons sont sérieux, peu variés, sans grandeur ; des collines médiocres toutes recouvertes de petits chênes. Généralement un rideau vert sombre sur des schistes brunâtres ou tristement vêtus de bruyères et de lichens. Je me figure que telle était la France primitive, avant qu'elle eût acquis tant de végétaux étrangers. Pays froid, uniforme et sauvage que le passant trouve laid et que sa monotone tristesse pare d'un charme attendrissant pour celui qui y est né.

De loin en loin, fument ces mousses, ces pâles bruyères ; ou bien, ce sont les grands feux des charbonnières dont la flamme projette, dans la nuit sombre, sur l'austère paysage, de fantastiques lueurs.

Parfois à l'aube, — de la clairière où paissent les moutons, — part un petit chant rustique qui trouble à peine le silence profond des bois encore endormis.

Aimable, léger filet de voix, chant d'oiseau que vous entendrez tout le long de la Meuse..... Ce fut la vraie voix de la France, la voix même de la liberté......

Et sans la liberté, qui eût chanté sous ce climat sévère, dans ce pays sérieux ? Seule elle pouvait peupler ces tristes clairières des Ardennes. Liberté des personnes, ou du moins servage adouci ; vastes libertés des pâtures, immenses communaux.

La question dominante des marches d'*Ardennes*, est celle des communaux, des trente-deux communes léguées au pays par le sire d'Orchimont, marquis de Montcornet.

Les possesseurs de ces biens communaux défendent vigoureusement leurs droits. Cet âpre pays de Couvin, Revin, Fumay, c'est encore la sauvage Ostrasie. Bien imprudent celui qui toucherait à ses privilèges.

———

Il faut voir au delà de Givet, le Trou-du-Han, la noire caverne dont l'étang sinistre garde tout ce qu'il engloutit ; et près de Renwey, le château de Montcornet, véritable colysée féodal. Dans les Ardennes les ruines sont rares. L'esprit royalement démocratique des Richelieu, des Mazarin a tout soigneusement nivelé ; les châteaux ont été démolis, les pierres emportées, si l'on eût pu on aurait tué leurs ombres. Montcornet a échappé dans la profondeur de ses bois ; la position, d'ailleurs, n'était pas militaire. L'oblique et louche fenêtre, encore debout, vous regarde passer.

Il faut aussi s'enfoncer dans les solitudes de Layfour, profondes à vous rendre fol ; il faut visiter les noirs rochers de la Dame de Meuse, la table de l'enchanteur Maugis, l'ineffaçable empreinte que laissa dans le roc le pied du cheval de Renaud. Les quatre fils Aymon sont à Château-Renaud comme à Uzès, aux Ardennes comme en Languedoc. Je vois encore la fileuse qui, pendant son travail, tient sur les genoux le précieux volume de la Bibliothèque bleue, le livre héréditaire, usé, noirci dans la veillée.

Là se lit comment le bon Renaud joua maint tour à Charlemagne, comment il eut pourtant bonne fin, s'étant fait humblement de chevalier maçon, et portant sur son dos des blocs énormes pour bâtir la sainte église de Cologne.

Ce sombre pays d'Ardennes, son inconnu mystérieux est tout autre chose que la Champagne.

Il appartient à l'évêché de Metz, au bassin de la Meuse, au vieux royaume d'Ostrasie. Quand vous avez passé les blanches et blafardes campagnes qui s'étendent de Reims à Rethel, la Champagne est finie, les bois commencent, les petits moutons des Ardennes. La craie a disparu ; le rouge mat de la tuile fait place au sombre éclat de l'ardoise; les maisons s'enduisent de limaille de fer (1). Manufactures d'armes, tanneries, ardoisières, tout cela n'égaye pas le pays. Mais la race est distinguée par quelque chose d'intelligent, de sobre, d'économe; la figure un peu sèche, et taillée à vives arrêtes. Ce caractère de sécheresse et de sévérité n'est point particulier à la petite Genève de Sedan (l'esprit de Charleville et de Sedan ressemble plutôt à la Lorraine), il est partout le même. L'habitant est sérieux. L'esprit critique domine. C'est l'ordinaire chez les gens qui sentent qu'ils valent mieux que leur fortune. Le pays n'est pas riche, et l'ennemi à deux pas; cela donne à penser.

C'était aussi, autrefois, un lieu de passage pour les armées. Lorsque le duc de Bourgogne devenu en dix ans maître du Limbourg, du Brabant et de Namur, se trouva être le concurrent des Liégeois et des Dinantais pour les houilles et les fers, les draps et les cuivres, et qu'il résolut de ruiner tout ce pays wallon, il prit par Mézières et par la Meuse (1465), afin de ramasser sur sa route la chevalerie flottante

(1) Ce trait caractéristique du pays ardenais a disparu ou à peu près, surtout depuis que la fonderie des canons n'existe plus à Deville, sur la Meuse. Le badigeonnage partout vainqueur, s'est emparé même des plus vieilles maisons et pour les rajeunir il les a enlaidies, leur a fait perdre leur originalité.

des Ardennes, les nobles brigands des marches. Il poussait contre la *ville* les hommes des *châteaux* et des *forêts ;* et quand il eut détruit les villes, il donna la chasse dans les bois à la population qui avait échappé aux noyades. Ces bois sans feuilles, l'hiver, un froid terrible, lui livraient la proie. De cette guerre féroce et de tant d'autres, le pays, en bien des endroits, garde encore la trace.

Il ne faut donc pas s'étonner, si chez ce peuple, la dureté se mêle parfois à l'emportement colérique. Mais sous ces allures brusques, vous découvrez une richesse de cœur surprenante ; rien n'est donné aux apparences ; tout y est en profondeur et à des degrés infinis. L'esprit très droit de l'Ardennais est aussi inventif. Le physicien Savart et le chimiste Clouet étaient de Mézières.

XXIII

LE LYONNAIS – SAINT-ÉTIENNE

Derrière cette rude et héroïque zone de Dauphiné, Franche-Comté, Lorraine, Ardennes, s'en développe une autre tout autrement douce, et plus féconde des fruits de la pensée. Je parle des provinces du Lyonnais, de la Bourgogne et de la Champagne. Zone vineuse, de poésie inspirée, d'éloquence, d'élégante et ingénieuse littérature. Ceux-ci n'avaient pas, comme les autres, à recevoir et renvoyer sans cesse le choc de l'invasion étrangère. Ils ont pu, mieux abrités, cultiver à loisir la fleur délicate de la civilisation.

D'abord, tout près du Dauphiné, la grande et aimable ville de Lyon, avec son génie éminemment sociable, unissant les peuples comme les fleuves (1). Colonie de Vienne, et dès sa naissance ennemie de sa mère, Lyon si favorablement située au confluent de la Saône et du Rhône, presque adossée aux Alpes, voisine de la Loire, voisine de la mer par l'impétuosité de son fleuve qui y porte d'un trait, semblait, au temps de la domination romaine, un œil de l'Italie ouvert sur les Gaules.

Cette pointe du Rhône et de la Saône semble avoir été toujours un lieu sacré. Les Segusii de Lyon dépendaient du peuple druidique des Édues. Là, soixante tribus de la Gaule dressèrent l'autel d'Auguste, et Caligula y établit ces combats d'éloquence où le vaincu était jeté dans le Rhône, s'il n'aimait mieux effacer son discours avec sa langue. A sa place, on jetait des victimes dans le fleuve, selon le vieil usage celtique et germanique ; on observait la manière dont elles tourbillonnaient pour en tirer des présages de l'avenir. On montre, au pont de Saint-Nizier, *l'arc merveilleux* d'où l'on précipitait les taureaux.

La fameuse table de bronze, où on lit encore le discours de Claude pour l'admission des Gau-

---

(1) La Saône jusqu'au Rhône, et le Rhône jusqu'à la mer, séparaient la France de l'Empire. Lyon, bâtie surtout sur la rive gauche de la Saône, était une cité impériale ; mais les comtes de Lyon relevaient de la France pour les faubourgs de Saint-Just et de Saint-Irénée.

lois dans le sénat, est la première de nos antiquités nationales, le signe de notre initiation dans le monde civilisé. Une autre initiation d'un autre caractère, a son monument dans les catacombes de Saint-Irénée, dans la crypte de Saint-Pothin, dans Fourvières, la montagne des pèlerins. Lyon fut le siège de l'administration romaine, puis de l'autorité ecclésiastique pour les quatres Lyonnaises (Lyon, Tours, Sens et Rouen), c'est-à-dire pour toute la Celtique. Dans les terribles bouleversements des premiers siècles du moyen âge, cette grande ville ecclésiastique ouvrit son sein à une foule de fugitifs, et se peupla de la dépopulation générale, à peu près comme Constantinople concentra peu à peu en elle tout l'empire grec, qui reculait devant les Arabes ou les Turcs. Cette population n'avait ni champs ni terres, rien que ses bras et son Rhône; elle fut industrielle et commerçante. L'industrie y avait commencé dès les Romains. Nous avons des inscriptions tumulaires : *A la mémoire d'un vitrier africain,* habitant de Lyon. *A la mémoire d'un vétéran des légions, marchand de papier.* Cette fourmilière laborieuse, enfermée entre les rochers et la rivière, entassée dans les rues sombres qui y descendent, sous la pluie et l'éternel brouillard, elle eut sa vie morale pourtant et sa poésie. Ainsi, notre maître

Adam, le menuisier de Nevers, ainsi les meistersaenger de Nuremberg et de Francfort, tonneliers, serruriers, forgerons, aujourd'hui encore le ferblantier de Nuremberg. Ils rêvèrent dans leurs cités obscures la nature qu'ils ne voyaient pas, et ce beau soleil qui leur était envié. Ils martelèrent dans leurs noirs ateliers des idylles sur les champs, les oiseaux et les fleurs. A Lyon, l'inspiration poétique ne fut point la nature mais l'amour; plus d'une jeune marchande, pensive dans le demi-jour de l'arrière-boutique, écrivit, comme Louise Labbé, comme Pernette Guillet, des vers pleins de tristesse et de passion.

L'amour de Dieu, il faut le dire, et le plus doux mysticisme, fut encore un caractère lyonnais. Saint Pothin et saint Irénée de Smyrne et de Pathmos, apportent à Lyon le verbe du Christ, verbe mystique, verbe d'amour qui propose à l'homme fatigué de se reposer, de s'endormir en Dieu.

C'est à Lyon que, dans les derniers temps, saint Martin, l'*homme du désir*, établit son école. Celui que l'Église réclame pour l'auteur de l'*Imitation*, Jean Gerson, voulut y mourir (1).

(1) Ballanche est né à Lyon, ainsi que Ampère, de Gerando, Camille Jordan, de Sénancourt, de Laprade. Leurs familles du moins sont lyonnaises.

C'est une chose bizarre et contradictoire en apparence que le mysticisme ait aimé à naître dans ces grandes cités industrielles, comme aujourd'hui Lyon et Strasbourg (1). Mais c'est que nulle part le cœur de l'homme n'a plus besoin du ciel.

Pour comprendre Lyon, il faut le regarder du plus haut, du sommet de Fourvières, voyant venir à soi la montagne opposée, sombre, noire en bas, sous les cyprès étouffés de son Jardin des Plantes, en haut, colossale dans son entassement de maisons d'ouvriers qui présentent douze ou quinze étages. Malgré le génie pacifique de la Saône, cette pointe de la France à l'Est, la tête de route vers les Alpes ou la Provence, a toujours été le confluent des peuples, un asile de mécontents, parfois un nid d'hérétiques. Aujourd'hui, la guerre intérieure de Lyon est entre les deux montagnes, entre la Croix-Rousse et Fourvières.

La vie sédentaire aussi de l'artisan, assis à son métier, favorise cette fermentation intérieure de l'âme. L'ouvrier en soie, dans l'humide obscurité des rues de Lyon, le tisserand d'Artois et

(1) Le grand mysticisme de Strasbourg date de l'époque où elle fut frappée d'interdit par l'Église pour avoir reconnu pour son empereur Louis de Bavière. A ces interdits, point de messe, point de viatique. Ceux-ci mirent à la place les mystifications sanglantes. Ce furent les *Flagellants*.

de Flandre, dans la cave où il vivait, se créèrent un monde, un paradis moral de doux songes et de visions; en dédommagement de la nature qui leur manquait, ils se donnèrent Dieu. Aucune classe d'hommes n'alimenta de plus de victimes les bûchers du moyen âge. Les Vaudois d'Arras eurent leurs martyrs, comme ceux de Lyon. Ceux-ci, disciples du marchand Valdo, Vaudois ou pauvres de Lyon, comme on les appelait, tâchaient de revenir aux premiers jours de l'Évangile. Ils donnaient l'exemple d'une touchante fraternité; et cette union des cœurs ne tenait pas uniquement à la communauté des opinions religieuses. Longtemps après les Vaudois, nous trouvons à Lyon des contrats où deux amis s'adoptent l'un l'autre, et mettent en commun leur fortune et leur vie.

Ce mot du moyen âge : *Les pauvres de Lyon*, a commencé le mouvement moderne dès le douzième siècle. Il y a indigence partout; ici, la pauvreté, la misère, sentie et comprise.

Lyon, ville secondaire en apparence, a toujours été une ville commune à tous. C'était au quinzième siècle une république marchande dont les privilèges couvraient tout le monde, une patrie pour le Suisse, le Savoyard, l'Allemand, l'Italien, autant que pour le Français. Ces fleuves, les voies du genre humain, apparaissent comme apportant à la ville les flots de l'émigration pauvre.

On sait l'arrivée de Rousseau à Lyon, quand, jeune homme de seize ans, encore inconnu et si pauvre! il dormit délicieusement sous l'abri d'un rocher aux portes de la ville, sans avoir même en poche de quoi dîner le lendemain. Beaucoup ne savent guère plus ce qu'ils y doivent faire, que l'eau du Rhône ou de la Saône ne sait l'usage où elle doit passer.

Le génie de Lyon est plus moral, plus sentimental du moins, que celui de la Provence; cette ville appartient déjà au Nord. C'est un centre du Midi, qui n'est point méridional, et dont le Midi ne veut pas. D'autre part la France a longtemps renié Lyon, comme étrangère, ne voulant point reconnaître la primatie ecclésiastique d'une ville impériale. Malgré sa belle situation sur deux fleuves, entre tant de provinces, elle ne pouvait s'étendre. Elle avait derrière les deux Bourgognes, c'est-à-dire la féodalité française, et celle de l'Empire; devant, les Cévennes, et ses envieuses, Vienne et Grenoble.

Ne quittons pas le Lyonnais sans voir une autre cité industrielle, la cité de la houille et du fer, Saint-Étienne. La route qui y mène, plus qu'aucune autre que j'aie vue, met en contraste la nature sauvage et l'extrême de l'art, de la civilisation. Chaque convoi est toute une ville emportée à travers les déserts. L'âpre et rude montagne, souvent sans culture, où l'on croirait que le berger seul conduit les chèvres, est percée d'une grotte,... étrange grotte qui vomit, par moment, le feu, la fumée, des multitudes de voitures, toute une foule qui passe et laisse le paysage d'autant plus morne et solitaire.

Lorsqu'une fois on a laissé le Rhône à Givors, cela devient plus sensible. En avançant vers Rive-de-Gier, la culture va s'affaiblissant; de méchants petits bois couvrent les montagnes.

La richesse sombre et platonique qui est en-dessous se montre à peine à la surface du sol. Les usines noires et fumantes, le lourd et puant incendie des combes de charbon qu'on épure, sont loin d'égayer le paysage. Sur les sommets même, s'élèvent de hautes cheminées qui témoignent des combats de l'industrie et de la concurrence dans ces profondeurs de la terre. D'autres cheminées éteintes, entourées de bâtiments en ruines, révèlent, tacitement, de fausses spéculations, de capitaux anéantis, de fortunes réduites en fumée.

A côté de la mine de charbon, la manufacture d'armes; la qualité des eaux semble être pour beaucoup dans la renommée de ses aciers.

C'est une grande douceur de redescendre dans la vallée du Rhône, de suivre le long de la Saône, la belle chaine de collines toute couverte de verdure, de maisons de campagne, enfin, de revoir dans la poésie d'un beau coucher de soleil, les nobles et doux horizons de la grande ville.

XXIV

MORVAN – AUTUNOIS

Entre les vignes de Vermanton et les vignes du Châlonnais s'étendent les rochers du Morvan. En remontant de Lyon au Nord, vous avez à choisir entre Châlons et Autun. Les Segusii lyonnais étaient une colonie de cette dernière ville. Autun, la vieille cité druidique (1), avait jeté Lyon au confluent du Rhône et de la Saône, à la pointe de ce grand triangle celtique dont la base était l'Océan, de la Seine à la Loire. Autun et Lyon, la mère et la fille, ont eu des destinées toutes diverses. La fille, assise sur une grande route des peuples, belle, aimable et facile, a toujours prospéré et grandi; la mère, chaste et

---

(1) Autun avait dans ses armes, d'abord le serpent druidique, puis le porc, l'animal qui se nourrit du gland celtique.

sévère, est restée seule sur son torrentueux Arroux, dans l'épaisseur de ses forêts de chênes, entre ses cristaux et ses laves (1). C'est elle qui amena les Romains dans les Gaules, et leur premier soin fut d'élever Lyon contre elle. En vain, Autun quitta son nom sacré de Bibracte pour s'appeler Augustodunum, et enfin Flavia; en vain elle déposa sa divinité, et se fit de plus en plus romaine. Elle déchut toujours; toutes les grandes guerres des Gaules se décidèrent autour d'elle et contre elle.

Elle fut presque ruinée par Aurélien, au temps de sa victoire sur Tétricus qui y faisait frapper ses médailles. — Saccagée par les Allemands en 280, par les Bagaudes, serfs gaulois révoltés sous Dioclétien, par Attila, par les Sarrasins, par les Normands. En 924, on ne put en éloigner les Hongrois qu'à prix d'argent.

Ce fut encore à Autun, sous Brunehaut et Frédégonde, que se dénoua d'une façon tragique la querelle entre les maires du palais, Ébroïn et Léger, évêque d'Autun. Cette querelle enveloppait aussi une guerre nationale, une haine de villes. Autun avait contre elle Valence et Châlons. Ces deux villes, par leurs évêques, faisaient la guerre à leur rivale.

---

(1) Les mines du Creusot répondent aux mines de Saint-Étienne.

Lorsque Léger se fut livré volontairement à ses ennemis qui le firent dégrader, aveugler et tuer dans la cathédrale, Autun ne dut pas moins se racheter.

Malgré tant de vicissitudes, aucune ville de France, je crois, ne s'est mieux conservée que celle-ci. Une bonne moitié des maisons remontent à François Ier, plusieurs sont plus anciennes (1).

La cathédrale, du roman le plus imposant et le plus austère, fut, dit-on, bâtie par Robert, premier duc capétien de Bourgogne, en expiation des violences que l'Église lui reprochait.

Il voulait aussi dédommager la vieille cité, au moment où il fixait la résidence ducale à Dijon sur le haut plateau d'où descend la Seine.

Autun est une montagne dont la partie supérieure présente une *triple* terrasse. La cathédrale actuelle, les restes de l'antique basilique où fut assassiné saint Léger, enfin l'archevêché, occupent les trois gradins. Tout cela regarde d'un air austère la campagne et l'Arroux qui coule, en bas, à grand bruit sous la roue de deux ou trois usines. Une oasis, une verte prairie qui se hasarde, ne demanderait pas mieux que d'être gaie; mais les chênes commencent

---

(1) François Ier la visitant, la nomma « sa Rome française ».

dès le pied des coteaux et couvrent tout d'une triste uniformité.

Cette ville, étayée ainsi en terrasses, semble un vaste autel gaulois. On comprend à merveille qu'elle n'a pu jamais avoir qu'une importance religieuse. Retirée au fond des bois, sur un torrent qui n'est pas navigable, enveloppée de ses brouillards, elle semble, au contraire de toutes les villes, vouloir s'éloigner de sa rivière même, et des routes qui en suivent le bord. Elle plane au-dessus de la sombre vallée lui prêtant la noblesse de ses monuments.

La cathédrale où fut tué saint Léger, dont on voit encore quelques débris, — occupe, selon toute apparence, la place des écoles romaines d'Autun, si célèbres dans l'ancienne Gaule. Ces écoles elles-mêmes ne firent que continuer les écoles des druides dont Autun était l'un des centres principaux. Elle les perdit comme tout le reste, ces fameuses écoles. Ce qu'elle garda, ce fut son génie austère. Jusqu'aux temps modernes elle a donné des hommes d'État, des légistes, le chancelier Rolin, les Montholon, les Jeannin, et tant d'autres. Cet esprit sévère s'étend loin à l'ouest et au nord. De Vézelai, Théodore de Bèze, l'orateur du calvinisme, le verbe de Calvin.

XXV

LA BOURGOGNE

La sèche et sombre contrée d'Autun et du Morvan n'a rien de l'aménité bourguignonne. Celui qui veut connaître la vraie Bourgogne, l'aimable et vineuse Bourgogne, doit remonter le doux et nonchalant petit fleuve la Saône par Châlons, puis tourner par la Côte-d'Or au plateau de Dijon, et redescendre vers Auxerre; bon pays où les villes mettent des pampres dans leurs armes, où tout le monde s'appelle frère ou cousin, pays de bons vivants et de joyeux noëls. Un bas-relief de Dijon représente les triumvirs tenant chacun à la main un gobelet. Ce trait est local.

Aucune province n'eut plus grandes abbayes, plus riches, plus fécondes en colonies lointaines: Saint-Bénigne, à Dijon; près de Mâcon, Cluny;

à deux pas de Châlons, Cîteaux, sœur et rivale de Cluny, qui donna tant de prédicateurs illustres. Telle était la splendeur de ces monastères que Cluny reçut une fois le pape, le roi de France, et je ne sais combien de princes avec leurs suites, sans que les moines se dérangeassent. Cîteaux fut plus grande encore, ou du moins plus féconde. On forçait ses moines de monter en chaire et de prêcher la croisade. Les ordres militaires d'Espagne et de Portugal, Saint-Jacques, Alcantara, Calatrava et Avis relevaient de Cîteaux. Les moines de Bourgogne étendaient leur influence spirituelle sur l'Espagne, tandis que les princes de Bourgogne lui donnaient des rois.

Cîteaux est la mère de Clairvaux, la mère de saint Bernard ; son abbé, l'*abbé des abbés*, était reconnu pour chef d'ordre, en 1491, par trois mille deux cent cinquante-deux monastères. Ce sont les moines de Cîteaux qui, au commencement du treizième siècle, fondèrent les ordres militaires d'Espagne, et prêchèrent la croisade des Albigeois, comme saint Bernard avait prêché à Vézelai, la seconde croisade de Jérusalem.

La riche et vineuse Bourgogne est le pays des orateurs, celui de la pompeuse et solennelle éloquence. C'est de la partie élevée de la province, de celle qui verse la Seine, de Dijon et de

Montbar, que sont parties les voix les plus retentissantes de la France, celles de saint Bernard, de Bossuet et de Buffon. Mais l'aimable sentimentalité de la Bourgogne est remarquable sur d'autres points, avec plus de grâce au Nord, plus d'éclat au Midi. Vers Semur, Mme de Chantal et sa petite fille, Mme de Sévigné ; à Mâcon, Lamartine, le poète de l'âme religieuse et solitaire ; à Charolles, Edgard Quinet, celui de l'histoire et de l'humanité. Né à Bourg, il a été élevé à Charolles (1).

La France n'a pas d'élément plus pliant que la Bourgogne, plus capable de réconcilier le Nord et le Midi. Les Burgundes, qui s'établirent à l'ouest du Jura vers la même époque que les Goths dans l'Aquitaine, avaient peut-être encore plus de douceur. Avant leur entrée dans l'empire, ils étaient presque tous gens de métier, ouvriers en charpente ou en menuiserie. Ils gagnaient leur vie à ce travail dans les intervalles de paix, étaient ainsi étrangers à ce double orgueil du guerrier et du propriétaire oisif qui nourrissait l'insolence des autres conquérants. « Grands mangeurs, taille de géants, longs cheveux, incommodes et grossiers, mais point

---

(1) La Bourgogne a donné encore Rameau, Guiton-Morveau, Vaugelas, Vauban, Lalanne, Prieur, Carnot, Gaspard Monge, Marmont, Junot, Joubert, etc.

du tout méchants », tels nous les dépeint Sidonius.

Chez les Burgundes prévalait l'autorité des chefs militaires qui les menaient au combat. L'esprit de la bande guerrière, du *comitatus*, aperçu par Tacite dans les premiers Germains est tout-puissant chez ce peuple. Ce principe d'attachement à un chef, ce dévouement personnel, cette religion de l'homme envers l'homme, devint le principe de l'organisation féodale qui fut si forte en Bourgogne.

De charpentiers, les Burgundes se firent vignerons. La culture de la vigne, si ancienne dans le pays, a singulièrement influé sur le caractère de son histoire. Les vignobles s'étendant de proche en proche sur les coteaux, la population, dans les classes inférieures, a augmenté à son tour. Le travail de la vigne occupe la famille entière, hommes, femmes et enfants. Population, encore aujourd'hui, assez misérable, faisant le vin et buvant la piquette, le résidu de la vendange. Les paysans de Bourgogne se sont révoltés plus d'une fois depuis le temps des Bagaudes jusqu'au dix-septième siècle où, dans une insurrection, ils se firent un roi (le roi Machas contre Louis XIV.

Les pays de vignobles, — paysages de médiocre grandeur, — n'ont leur véritable caractère qu'en mars, lorsque la vigne n'a pas encore de feuilles. Alors, on ne voit, à perte de vue, que des échalas d'un gris mort ; plus haut, les sommets des coteaux, autrefois couverts de bois, maintenant dépouillés même de terre végétale, et montrant leurs os, de rudes roches grisâtres.

Cependant, quelle que soit cette tristesse, il vaut mieux voir ce pays nu, que lorsqu'il est voilé, paré de feuilles. Sur les horizons découverts aucun détail n'échappe. Rien n'empêche d'observer le travail et le travailleur. On le voit partout courbé sur sa vigne rampante, ramenant la terre alentour, rapportant les échalas et les repiquant. Grand travail ! résultat toujours incertain... voilà l'histoire du paysan bourguignon depuis des siècles.

La gelée, la grêle, sont aujourd'hui les seuls fléaux à craindre. Autrefois il y avait aussi les razzias qu'ordonnaient les seigneurs pour leurs guerres ruineuses. Ces comtes ou ducs, sortis de deux branches des Capets, ont donné au douzième siècle des souverains aux royaumes d'Espagne ; plus tard, à la Franche-Comté, à la Flandre, à tous les Pays-Bas. Au quatorzième siècle, ils encouragèrent en Angleterre les prétentions des Lancastre afin de créer un précédent, le triomphe des branches cadettes.

Ce fut la faute de nos rois après Crécy, Courtray, Poitiers, qui avaient tué la féodalité du moyen âge, de refaire une féodalité artificielle et de placer les grands fiefs dans les mains des princes leurs parents. Ces cadets ne visèrent rien moins que le trône de France.

La première maison de Bourgogne s'éteignit au milieu du quatorzième siècle; le roi Jean le Bon déclara le duché réuni à la couronne. Mais son fils Charles V l'en détacha pour le donner à son frère Philippe le Hardi. Dès lors, la branche de Bourgogne grandira en ruinant la branche aînée; elle composera avec les Anglais quand elle ne les servira pas directement contre la France; elle accroîtra rapidement sa puissance par la masse énorme et toujours grossissante de ses possessions (1).

La lutte ouverte commence sous Charles VII entre le duc et le roi, et ce n'est pas le duc qui est le moins roi des deux. Tuteurs des dauphins pendant leur minorité, ou leur donnant l'hospitalité, ces ducs de Bourgogne, de Charles V à Louis XI, ne perdront aucune occasion de s'unir à l'étranger, à l'ennemi, espérant s'enrichir avec lui ou par lui, des dépouilles de la France.

Cette ingrate maison de Bourgogne qui tua sa

---

(1) Voir page 22 quelle était l'étendue des possessions de Charles le Téméraire.

mère autant qu'elle le pût, à la fin ne représentait plus ni France ni Bourgogne. On le vit à Montlhéry où, sous le nom de Bourguignons, le comte de Charolais amenait une Babel, tout ce qu'il y avait d'oppositions de la Frise au Jura.

Mais la province restait française. Le sentiment de la patrie et sa fierté, se retrouvent même dans les hommes les plus compromis du parti bourguignon. Il suffirait de citer le mot du sire de l'Ile-Adam qui avait pris Paris, croyant que son maître en profiterait. Celui-ci, comme on sait, le livra à Henri V (1).

Ces puissants ducs, dont le monstrueux empire s'étendait si loin au Nord et à l'Est n'ont pu descendre la vallée de la Seine, ni s'établir dans les plaines du centre, malgré le secours des Anglais. Le pauvre *roi de Bourges*, d'Orléans et de Reims, l'a emporté sur le grand-duc de Bourgogne. Les communes de France, qui avaient d'abord soutenu celui-ci, se rallièrent peu à peu

---

(1) Voici ce mot : Un jour, l'Ile-Adam se présenta devant le roi d'Angleterre vêtu d'une grosse cotte grise. Le roi ne passa point cela : « L'Ile-Adam, lui dit-il, est-ce là la robe d'un maréchal de France ? » L'autre, au lieu de s'excuser, réplique qu'il l'a fait tout exprès pour venir par les bateaux de la Seine. Et il regardait le roi fixement. « Comment donc, dit l'Anglais avec hauteur, osez-vous bien regarder un prince au visage quand vous lui parlez ! » « Sire, dit le Bourguignon, c'est notre coutume à nous autres Français ; quand un homme parle à un autre, de quelque rang qu'il soit, les yeux baissés, on dit qu'il n'est pas prud'homme puisqu'il n'ose regarder en face. »

contre l'oppresseur des communes de Flandre. Ce n'est pas en Bourgogne que devait s'achever le destin de la France. Cette province féodale ne pouvait lui donner la forme monarchique et démocratique à laquelle elle tendait. Le génie de la France devait descendre dans les plaines décolorées du centre, abjurer l'orgueil et l'enflure, la forme oratoire elle-même, pour porter son dernier fruit, le plus exquis, le plus français. La Bourgogne semble avoir encore quelque chose de ses Burgundes ; la sève enivrante de Beaune et de Mâcon trouble comme celle du Rhin. L'éloquence bourguignonne tient de la rhétorique. L'exubérante beauté des femmes de Vermanton et d'Auxerre n'exprime pas mal cette littérature et l'ampleur de ses formes. La chair et le sang dominent ici ; l'enflure aussi, et la sentimentalité vulgaire. Citons seulement Crébillon, Longepierre et Sedaine. Il nous faut quelque chose de plus sobre et de plus sévère pour former le noyau de la France.

XXVI

LA CHAMPAGNE

C'est une triste chute que de tomber de la Bourgogne dans la Champagne, de voir, après ces riants coteaux, des plaines basses et crayeuses. Le cœur de la Champagne est un morceau de craie. Sans parler du désert de la Champagne-Pouilleuse, une triste mer de chaume étendue sur une immense plaine de plâtre, le pays est généralement plat, pâle, d'un prosaïsme désolant (1). Les bêtes sont chétives; les minéraux, les plantes peu variés. De maussades rivières traînent leur eau blanchâtre entre deux rangs de jeunes

---

(1) Cela va jusqu'à Reims. Au delà, le sol se modifie, et le pays gagne étonnamment. Rethel marque la transition entre la Champagne et les Ardennes. Ses environs sont très fertiles; beaucoup de cidre. C'est dire que les arbres commencent à paraître, tandis que tout le reste du pays les repousse. La racine atteint la craie, sèche et meurt.

peupliers. La maison, jeune aussi, et caduque en naissant, tâche de défendre un peu sa frêle existence en s'encapuchonnant tant qu'elle peut d'ardoises, au moins de pauvres ardoises de bois ; mais sous sa fausse ardoise, sous sa peinture délavée par la pluie, perce la craie, blanche, sale, indigente.

De telles maisons ne peuvent pas faire de belles villes. Châlons n'est guère plus gaie que ses plaines. Troyes est presque aussi laide qu'industrieuse. Reims est triste dans la largeur solennelle de ses rues, qui fait paraître les maisons plus basses encore ; ville autrefois de bourgeois et de prêtres, vraie sœur de Tours, ville sacrée et tant soit peu dévote ; chapelets et pains d'épice, bons petits draps, petit vin admirable, des foires et des pèlerinages.

Ces villes, essentiellement démocratiques et antiféodales, de Troyes, de Bar-sur-Seine, etc., ont été l'appui principal de la monarchie ; elles devaient sympathiser avec le pouvoir pacifique et régulier du roi, plus qu'avec la turbulence militaire des seigneurs. Le parti du roi, c'était le parti de la paix, de l'ordre, de la sûreté des routes. Ceci explique la haine furieuse des seigneurs contre la Champagne qui avait de bonne heure abandonné leur ligue. La jalousie de la féodalité contre l'industrialisme ne fut point certainement étrangère aux affreux ravages que les barons firent dans la Champagne pendant la minorité de saint Louis.

Dès le onzième siècle, les comtés de Blois et de Champagne s'étant divisés, cessèrent de composer une puissance redoutable. Famille plus aimable que guerrière, libres-penseurs, poètes, pèlerins, croisés, les comtes de Blois et de Champagne n'eurent ni l'esprit de suite ni la ténacité de leurs rivaux de Normandie et d'Anjou. Ils encourageaient les communes commerçantes, divisaient, à Troyes, la Seine en canaux et protégeaient également saint Bernard et Abeilard, son rival (1).

La coutume de Troyes, qui consacrait l'égalité des partages a contribué aussi à diviser et à anéantir les forces de la noblesse. Telle seigneurie qui allait ainsi toujours se divisant, put se trouver morcelée en cinquante, en cent parts, à la quatrième génération. Les nobles appauvris essayèrent de se relever en mariant leurs filles à de riches roturiers. La même coutume déclare que *le ventre anoblit.* Cette précaution illusoire n'empêcha pas les enfants des mariages inégaux de se trouver fort près de la roture. La noblesse ne gagna pas à cette addition de nobles rotu-

(1) C'est sur l'Ardusson, entre Nogent et Pont-sur-Seine, qu'il fonda le **Paraclet.**

riers. Enfin ils jetèrent la vraie honte, et se firent commerçants.

Le malheur, c'est que ce commerce ne se relevait ni par l'objet ni par la forme. Ce n'était point le négoce lointain, aventureux, héroïque, des Catalans ou des Génois. Le commerce de Troyes, de Reims, n'était pas de luxe; on n'y voyait pas ces illustres corporations, ces Grands et Petits Arts de Florence, où des hommes d'État, tels que les Médicis, trafiquaient des nobles produits de l'Orient et du Nord, de soie, de fourrures, de pierres précieuses. L'industrie champenoise était profondément plébéienne. Aux foires de Troyes, fréquentées de toute l'Europe, on vendait du fil, de petites étoffes, des bonnets de coton, des cuirs (1) : nos tanneurs du faubourg Saint-Marceau sont originairement une colonie troyenne. Ces vils produits, si nécessaires à tous, firent la richesse du pays. Les nobles s'assirent de bonne grâce au comptoir, et firent politesse au manant. Ils ne pouvaient, dans ce tourbillon d'étrangers qui affluaient aux foires, s'informer de la généalogie des acheteurs, et disputer du cérémonial. Ainsi peu à peu commença l'égalité. Et le grand comte de

---

(1) Urbain IV était fils d'un cordonnier de Troyes. Il y bâtit Saint-Urbain, et fit représenter sur une tapisserie son père faisant des souliers.

Champagne aussi, Thibaut, tantôt roi de Jérusalem, et tantôt de Navarre, il se trouvait fort bien de l'amitié de ces marchands. Il est vrai qu'il était mal vu des seigneurs, et qu'ils le traitaient comme un marchand lui-même, témoin l'insulte brutale du fromage mou, que Robert d'Artois lui fit jeter au visage.

Il n'en fut pas moins le plus puissant appui de la royauté après la mort de Louis VIII.

Cette dégradation précoce de la féodalité, ces grotesques transformations de chevaliers en boutiquiers, tout cela ne dut pas peu contribuer à égayer l'esprit champenois, et lui donner ce tour ironique de niaiserie maligne qu'on appelle, je ne sais pourquoi, naïveté (1) dans nos fabliaux. C'était le pays des bons contes, des facétieux récits sur le noble chevalier, sur l'honnête et débonnaire mari, sur M. le curé et sa servante. Le génie narratif qui domine en Champagne,

(1) L'ancien type du paysan du nord de la France est l'honnête Jacques, qui pourtant finit par faire la Jacquerie. Le même, considéré comme simple et débonnaire, s'appelle Jeannot; quand il tombe dans un désespoir enfantin, et qu'il devient *rageur*, il prend le nom de Jocrisse. Enrôlé par la Révolution, il s'est singulièrement déniaisé, quoique sous la Restauration on lui ait rendu le nom de Jean-Jean. — Ces mots divers ne désignent pas des ridicules locaux, comme ceux d'Arlequin, Pantalon, Polichinelle en Italie. — Les noms le plus communément portés par les domestiques dans la vieille France aristocratique, étaient les noms de province : Lorrain, Picard, et surtout la Brie et Champagne. Le Champenois est en effet le plus disciplinable des provinciaux, quoique sous sa simplicité apparente il y ait beaucoup de malice et d'ironie.

en Flandre, s'étendit en longs poèmes (1), en belles histoires. La liste de nos poètes romanciers s'ouvre par Chrétien, de Troyes, et Guyot, de Provins. Les grands seigneurs du pays écrivent eux-mêmes leurs gestes : Villehardouin, — le premier prosateur, le premier historien de la France en langue vulgaire, — Joinville et le cardinal de Retz nous ont conté eux-mêmes les croisades et la Fronde. L'histoire et la satire sont la vocation de la Champagne. Pendant que le comte Thibaut faisait peindre ses vers à la reine Blanche dans son palais de Provins, au milieu des roses transplantées de Jéricho, les épiciers de Troyes griffonnaient sur leurs comptoirs les histoires allégoriques et satiriques de Renard et Isengrin. Le plus piquant pamphlet de la langue est dû en grande partie à des procureurs de Troyes ; c'est la *Satyre Ménippée* (Passerat et Pithou).

Ici, dans cette naïve et maligne Champagne, se termine la longue ligne que nous avons suivie, du Languedoc et de la Provence par Lyon et la Bourgogne. Dans cette zone vineuse et littéraire, l'esprit de l'homme a toujours gagné

---

(1) Le vrai miracle de la Champagne, c'est sa poésie étendue en longs poèmes comme ses plaines ; ce sont ses cathédrales, autres épopées celtiques apportées de loin. — **On ne voit point de carrières autour de Reims, ni de Troyes.**

en netteté, en sobriété. Nous y avons distingué trois degrés : la fougue et l'ivresse spirituelle du Midi, l'éloquence et la rhétorique bourguignonne (1) ; la grâce et l'ironie champenoise. C'est le dernier fruit de la France et le plus délicat. Sur ces plaines blanches, sur ces maigres coteaux, mûrit le vin léger du Nord, plein de caprice (2) et de saillies. Rien qu'un souffle, il est vrai, mais un souffle d'esprit. A peine doit-il quelque chose à la terre. Là crût aussi cette *chose légère*, profonde pourtant, ironique à la fois et rêveuse, qui retrouva et ferma pour toujours la veine des fabliaux (3).

(1) Sur la montagne de Langres naquit Diderot. C'est la transition entre la Bourgogne et la Champagne. Il réunit les deux caractères.

(2) Cela doit s'entendre, non seulement du vin, mais de la vigne. Les terres qui donnent le vin de Champagne semblent capricieuses. Les gens du pays assurent que dans une pièce de trois arpents parfaitement semblables, il n'y a souvent que celui du milieu qui donne de bon vin.

(3) Lafontaine.

XXVII

LA NORMANDIE

Par les plaines plates de la Champagne s'en vont nonchalamment le fleuve des Pays-Bas, le fleuve de la France, la Meuse, et la Seine avec la Marne son acolyte. Ils vont, mais grossissant, pour arriver avec plus de dignité à la mer. Et la terre elle-même surgit peu à peu en collines dans l'Ile-de-France, dans la Normandie, dans la Picardie. La France devient plus majestueuse. Elle ne veut pas arriver la tête basse, en face de l'Angleterre ; elle se pare de forêts et de villes superbes, elle enfle ses rivières, elle projette en de longues ondes de magnifiques plaines, et présente à sa rivale cette autre Angleterre de Flandre et de Normandie (1).

Il y a là une émulation immense. Les deux

---

(1) Du côté de Coutances particulièrement, les figures et le paysage sont singulièrement anglais.

rivages se haïssent et se ressemblent. Des deux côtés, dureté, avidité, esprit sérieux et laborieux. La vieille Normandie regarde obliquement sa fille triomphante, qui lui sourit avec insolence du haut de son bord. Elles existent pourtant encore les tables où se lisent les noms des Normands qui conquirent l'Angleterre. La conquête n'est-elle pas le point d'où celle-ci a pris l'essor ? Tout ce qu'elle a d'art, à qui le doit-elle ? Existaient-ils avant la conquête, ces monuments dont elle est si fière ? Les merveilleuses cathédrales anglaises que sont-elles, sinon une imitation, une exagération de l'architecture normande ? Les hommes eux-mêmes et la race, combien se sont-ils modifiés par le mélange français ? L'esprit guerrier et chicaneur, étranger aux Anglo-Saxons, qui a fait de l'Angleterre, après la conquête, une nation d'hommes d'armes et de scribes, c'est là le pur esprit normand. Cette sève acerbe est la même des deux côtés du détroit. Caen, la *ville de sapience*, conserve le grand monument de la fiscalité anglo normande, l'échiquier de Guillaume le Conquérant. La Normandie n'a rien à envier, les bonnes traditions s'y sont perpétuées. Le père de famille, au retour des champs, aime à expliquer à ses petits, attentifs, quelques articles du Code civil.

Le Lorrain et le Dauphinois ne peuvent rivaliser avec le Normand pour l'esprit processif. L'esprit breton, plus dur, plus négatif, est moins avide et moins absorbant. La Bretagne est la résistance, la Normandie la conquête ; aujourd'hui conquête sur la nature, agriculture, industrialisme. Ce génie ambitieux et conquérant se produit d'ordinaire par la ténacité, souvent par l'audace et l'élan ; et l'élan va parfois au sublime : témoin tant d'héroïques marins (1), témoin le grand Corneille. Deux fois la littérature française a repris l'essor par la Normandie, quand la philosophie se réveillait par la Bretagne.

Le vieux poème de Rou paraît au douzième siècle avec Abailard ; au dix-septième siècle, Corneille avec Descartes. Pourtant, je ne ne sais pourquoi la grande et féconde idéalité est refusée au génie normand. Il se dresse haut, mais tombe vite. Il tombe dans l'indigente correction de Malherbe, dans la sécheresse de Mézerai, dans les ingénieuses recherches de la Bruyère et de Fontenelle. Les héros même du grand Corneille, toutes les fois qu'ils ne sont pas sublimes, deviennent volontiers d'insipides

---

(1) Il paraît que les Dieppois avaient découvert avant les Portugais la route des Indes ; mais ils en gardèrent si bien le secret, qu'ils en ont perdu la gloire.

plaideurs, livrés aux subtilités d'une dialectique vaine et stérile.

———

Chez le Northman du neuvième et du dixième siècle l'élément neustrien dominait de beaucoup l'élément scandinave. Sans doute, à les voir sur la tapisserie de Bayeux avec leurs armures en forme d'écailles, avec leurs casques pointus et leurs mazaires, on serait tenté de croire que ces poissons de fer sont les descendants légitimes et purs des vieux pirates du Nord. Cependant ils parlaient français dès la troisième génération et n'avaient plus personne parmi eux qui entendît le danois ; ils étaient obligés d'envoyer leurs enfants l'apprendre chez les Saxons de Bayeux, petite colonie de la première invasion, qui garda sa langue au moins cinq cents ans.

Les Northmans de la seconde invasion arrivèrent seuls, sans famille, et lorsqu'ils furent soûls de pillage, lorsqu'à force de revenir annuellement, ils se furent fait une patrie de la terre qu'ils ravageaient, il fallut des Sabines à ces nouveaux Romulus. Ils prirent femme, et les enfants, comme il arrive nécessairement, parlèrent la langue de leur mère.

Ce génie de scribes et de légistes qui a rendu leur nom proverbial en Europe, nous le trouvons chez eux dès leur établissement. C'est ce qui explique, en partie, la multitude prodigieuse de fondations ecclésiastiques chez un peuple qui n'était pas autrement dévot. Le moine Guillaume de Poitiers dit que la Normandie était une Égypte par la multitude des monastères. Ces monastères étaient des écoles d'écriture, de philosophie, d'art et de droit.

Les historiens de la conquête d'Angleterre et de Sicile se sont plu à présenter leurs Normands sous les formes et la taille colossale des héros de chevalerie. Les ennemis des Normands, sans nier leur valeur, ne leur attribuent point ces forces surnaturelles.

Mélange d'audace et de ruse, conquérants et chicaneurs comme les anciens romains, scribes et chevaliers, rusés comme les prêtres et bons amis des prêtres (au moins pour commencer), ils firent leur fortune par l'Église et malgré l'Église. La lance y fit, mais aussi la *lance de Judas* comme parle Dante.

Le héros de cette race c'est Robert l'*Avisé*

qui vécut quelque temps en volant des chevaux, puis passa en Sicile, la conquit sur les Arabes, se fit duc de Pouille et de Calabre, chassa l'empereur Henri IV de Rome et recueillit Grégoire VII, qui mourut chez lui à Salerne.

La Normandie était petite et la police y était trop bonne pour qu'on pût butiner grand'chose les uns sur les autres. Il fallut donc que les Northmans allassent, comme ils le disaient, gaaignant par l'Europe. Mais l'Europe féodale hérissée de châteaux n'était pas, au onzième siècle, facile à parcourir. Chaque passe des fleuves, chaque poste dominant avait sa tour; à chaque défilé on voyait descendre de la montagne quelque homme d'armes avec ses varlets et ses dogues qui demandait péage ou bataille; il visitait le petit bagage du voyageur, prenait part, quelquefois prenait tout et l'homme par-dessus. Il n'y avait pas beaucoup à gaaigner en voyageant ainsi. Nos Normands s'y prenaient mieux. Ils se mettaient plusieurs ensemble, bien montés, bien armés, mais de plus affublés en pèlerins, de bourdons et coquilles. Ils prenaient même volontiers quelques moines avec eux. Alors, qui eût voulu les arrêter, ils auraient répondu doucement avec leur accent traînant et nasillard, qu'ils étaient de pauvres pèlerins, qu'ils s'en allaient au Mont-Cassin, au saint sépulcre, à Saint-Jacques-de-Compostelle. On respectait d'ordinaire une dévotion si bien armée. Le fait est qu'ils aimaient ces lointains pèlerinages. Il n'y avait pas d'autre moyen d'échapper à l'ennui du manoir. Et puis, c'étaient des routes fréquentées ; il y avait de bons coups à faire sur le chemin et l'absolution au bout du voyage. Tout au moins, comme ces pèlerinages étaient aussi des foires, on pouvait faire un peu de commerce et gagner cent pour cent en faisant son salut.

C'est un pèlerinage qui conduisit d'abord les Normands dans l'Italie du sud où ils devaient fonder un royaume.

———

Mais ce fut une croisade que la conquête de l'Angleterre par Guillaume le Conquérant. Une foule de gens d'armes affluèrent de toute l'Europe. Pour cette invasion depuis longtemps préparée, Guillaume faisait acheter les plus beaux chevaux en Espagne, en Gascogne et en Auvergne. C'est peut-être lui qui a créé ainsi la belle et forte race de nos chevaux normands.

Au commencement du quinzième siècle, ce fut le tour de la Normandie d'être conquise par l'Angleterre. Henri V, après la bataille d'Azincourt, où resta toute la noblesse de France, fit sagement, politiquement sa conquête. D'abord, la Basse-Normandie, si riche ! Le Calvados qui réunit toute culture tenait déjà grand marché à Caen. Puis, ce fut le tour de Rouen. Dès juin, 8,000 Irlandais, presque nus, affamés, avaient été lancés sur les campagnes environnantes; ils avaient tout pris, tout mangé. La ville était sans vivres. Henri s'attendait à une résistance opiniâtre. Son attente fut surpassée. Pendant sept mois, Rouen tint en échec la grande armée anglaise. La famine, pourtant, était horrible. Il avait fallu mettre dehors tout ce qui ne pouvait pas combattre, les bouches inutiles, 12,000 vieillards, femmes, et enfants. Cette foule déplorable reçue par les Anglais à la pointe de l'épée, passa l'hiver sous le ciel, dans le fossé, sans autre aliment que l'herbe qu'elle arrachait. — Des femmes hélas ! y acouchèrent..... Alors, on hissait le nouveau-né par des cordes pour qu'il reçût le baptême, puis on le redescendait pour qu'il allât mourir avec sa mère.

Quand ceux de la ville eurent mangé les chevaux, les chiens, les chats, et tout ce qui pouvait être un aliment, tant fût-il immonde, il fallut bien se rendre.....

Charles VII dont le règne se définit : la victoire de la France sur l'Angleterre, lui arracha des dents, trente ans plus tard, cette riche proie. Elle perdit avec l'Aquitaine, son paradis de France, la Normandie une autre elle-même, une terre anglaise, d'aspect, de production, qu'elle devait toujours voir en face pour la regretter.

———

Le climat de la Normandie n'est pas tout à fait celui de l'Angleterre. Du côté de la France, l'eau tombe en pluie plus qu'en brouillards ; c'est une irrigation moins parfaite, mais qui n'est pas moins pour notre pays une source de richesse. Si vous comparez ce Nord brumeux au Midi, sans doute vous trouverez que les productions y sont moins variées ; en récompense la nature y fait pour l'homme ce qui est en Provence, en Languedoc, son plus grand, son plus difficile travail : l'*irrigation*.

La pluie donne à la Normandie son véritable caractère. Les animaux des prairies ont plutôt l'air de s'en réjouir comme s'ils prévoyaient que l'herbe n'en sera que plus tendre. L'humidité constante fait de cet ouest de la France un immense pâturage, d'une vie sans cesse renouvelée.

Si, partant de Paris, vous prenez, à droite, par le Vexin Normand, vous verrez, dès Gisors, un changement subit se produire : la forte verdure commence, les belles carnations ; les usines se multiplient le long des eaux, les fermes sur la campagne. Si, au contraire, vous suivez à gauche, la route qui par Mantes, Vernon, Louviers et le Pont-de-l'Arche conduit à Rouen, la Normandie vous apparaît, à Louviers, noyée dans les canaux. La brique et les pommes se montrent plutôt, dès Vernon. En avançant, vous ondulez sur des terrains mollement accidentés, médiocrement variés par la nature, mais variés au contraire, par les hommes. Sur le tapis arlequiné jaune et vert, on admire l'extrême subdivision des propriétés. C'est presque du Lycurgue. Il semble que ce soit la saie bariolée des anciens Gaulois qu'on ait étendue sur le sol.

Ces champs tous en parallélogrammes vous représentent le *castrum* romain. La division sévère du territoire ne dût commencer qu'avec l'établissement des légions en colonies, l'égalité est le principe de l'art de l'agrimensor romain. S'il ne partage d'abord que les terres patriciennes, c'est qu'alors il n'y a point d'autre propriété.

Les plébéiens ne sont pas dans la cité. La loi impériale, c'est-à-dire plébéienne, ne fait qu'étendre cela à tous.

Les bois, produit de la nature ou de la vieille et patiente aristocratie qui imitait la nature, — se croyant éternelle comme elle, — les bois s'en vont, pour faire place aux plantes rapides et mobiles. Sur les coteaux, les falaises mieux essuyées que la plaine, plus éventées aussi, vous voyez monter le blé comme pour témoigner que l'air de mer qui le rase, n'est ni froid, ni hostile.

Malgré le déboisement progressif de la Normandie, la campagne est loin de se présenter dans l'état de nudité indigente qui attriste tant d'autres points de la France. Les longues avenues des châteaux normands, l'épais rideau de verdure dont s'enveloppent les grandes fermes, les arbres qu'on entretient soigneusement au bas des routes et le long des cavées profondes pour soutenir les terres, les haies, enfin, partout multipliées par crainte des empiètements font, de la Basse-Normandie, surtout, un véritable bocage (1).

Dans cet occident de la France (de même en Bretagne et en Vendée), il semble qu'on ait senti la nécessité de se défendre. La propriété y est plus divisée que dans la Haute-Normandie, précisément parce qu'elle l'était moins avant la Révolution. La terre, au moins en partie, a passé d'un coup aux mains de celui qui la cultive. Les longs fermages, très usités en Normandie, équivalent presque, pour le paysan, à la possession de la terre. Aussi, le sentiment de la propriété est-il en lui très vif. La finale traînante de la prononciation normande exprime, à elle seule, un retour énergique d'égoïsme.

Ce nord-ouest de la France, comme le sud-ouest et le sud-est, regarde la mer. Mais au nord, ce ne sont pas ces ports, ces abris admirables du midi : Marseille, Toulon, Hyères, etc.

La longue muraille des falaises normandes, incessamment battue des courants de la Manche, sapée de leurs fureurs discordantes, n'a que d'étroites percées d'un difficile accès. Ces ports imperceptibles, la mer, si l'on n'y veillait,

(1) Le vrai *bocage normand*, à la porte de la Bretagne, occupe la moitié sud de trois départements (Orne, Calvados, Manche). C'est là surtout qu'il y a division et subdivision de propriétés et de fermes.

les aurait bientôt comblés. Elle roule contre eux ses montagnes de galets ; elle rétrécit l'entrée des passes par l'écroulement des falaises, un monde en démolition.

Ici, les rapports de l'homme sont visiblement bien moins avec la terre qu'avec l'Océan. Si la nature, — mère impartiale, — le dispense des grands labeurs agricoles dont elle accable le paysan du Midi ; si elle a fait pour lui la prairie normande, et si, après l'avoir faite, elle s'est chargée du soin de l'entretenir, si, grâce à elle, tant de bras sont libres, c'est qu'elle entend donner à l'homme du Nord une autre mission à remplir.

La Manche a longtemps été pour la population des côtes normandes, comme le golfe de Gascogne pour les Basques, une grande école d'audace et d'héroïsme. Les femmes aussi s'en mêlaient. Elles n'allaient pas à la pêche de Terre-Neuve, mais elles tissaient leurs lots de filets, qu'elles confiaient aux pêcheurs. Ce lot de filets était leur fief qu'elles administraient avec la prudence de la femme de Guillaume le Conquérant.

Pourquoi la France s'est-elle désintéressée de la mer ? Pourquoi cette association pacifique entre pêcheurs, celle des filets pour la pêche, sur les côtes d'Harfleur et de Barfleur, la plus belle à mon sens, n'existe-t-elle plus aujourd'hui que dans l'histoire ? L'Océan ne serait-il donc pour nous, désormais, que l'infini stérile ?

Grande race des marins normands qui la première trouva l'Amérique, fonda les comptoirs d'Afrique, conquit les deux Siciles et l'Angleterre ! Ne vous retrouverai-je donc plus que sur la tapisserie de Bayeux ?..... Qui n'a le cœur percé, en passant des falaises aux dunes, de nos côtes si languissantes à celles d'en face qui sont si vivantes, de l'inertie de Cherbourg à la brûlante activité de Portsmouth ?...

Il est pourtant visible, par le nombre innombrable des églises de Normandie, que la vie de la France, au moyen âge, était surtout à l'Ouest. L'Angleterre, au dixième, douzième, treizième siècle, se vit plusieurs fois envahie ; la France eut alors l'avantage sur mer.

D'où vient qu'elle abandonne chaque jour davantage sa part de la vie maritime quand la nature, l'entourant d'eau de trois côtés, lui a marqué si fortement ses destinées ?

Serrée à l'est par les hautes montagnes du Dauphiné, la longue muraille du Jura et les replis des Vosges, la France, d'elle-même, se porte à l'ouest, à l'Océan. La proue de son vaisseau, la granitique Bretagne, y plonge déjà tout entière à l'assaut des tempêtes. Derrière, la presqu'île du Cotentin se dresse comme une voile ouverte au vent. L'élan est donné et la France le suit; elle coule avec tous ses fleuves vers cet infini de la liberté (1).

(1) Il suffit d'avoir remarqué la physionomie de la Bretagne pour qu'elle s'impose. Rien de plus expressif. Prenez une carte de France suffisamment étendue et bien délimitée. Celle que j'ai sous les yeux est une carte hydrographique teintée de vert et liserée de rouge pour marquer les frontières. Ni provinces, ni départements ne sont encore indiqués, ce qui met en relief la netteté de l'ensemble. Mettez cette carte bien en face et regardez d'abord la Bretagne. N'est-ce pas, vue de profil, la tête d'un grand oiseau singulièrement animé de vie et d'action? C'est une tête d'aigle, ou plutôt, car elle est chauve, d'un gigantesque condor âprement avide de l'infini vers lequel il s'élance. Suivez maintenant à droite le contour de la carte, vous verrez le corps de l'oiseau se dessiner à son tour. Il couvre toute la France. Ses vastes ailes, à demi repliées, sont chargées de toutes nos provinces du nord-est, que la bête emporte avec elle comme une proie à l'Océan. Mais la charge en est si lourde, qu'elle l'oblige à se replier fortement sur elle-même pour ajouter à la puissance de l'effort. Sous cette flexion, les flancs se sont évidés... Le vide s'est creusé si profond qu'une mer tout entière y peut tenir (le golfe de Gascogne). L'élan est déjà dans la tête et dans les ailes, mais le reste du corps tient encore à la terre. On dirait qu'au moment de prendre l'essor, l'oiseau, si puissant qu'il soit, surchargé du poids énorme de tant de provinces, a voulu s'assurer le meilleur point d'appui. Jetant, hardiment, ses puissantes serres à l'autre bout de la France, il les a plantées, non pas en bas, sur le sable de la plaine, mais en haut, sur la montagne et sur le roc, sur la cime granitique des Pyrénées. Regardez encore; non seulement cette figure d'oiseau emportant la France à l'Océan se détachera à vos yeux dans une étonnante vigueur, mais vous saisirez de plus en plus, dans tous ses mouvements, une précision, une justesse pour ainsi dire géométriques.

(Mme J. M.)

XXVIII

LA FLANDRE

Rien de plus positif et réel que le génie de notre bonne et forte Flandre ; rien de plus solidement fondé, *solidis fundatum ossibus intus.* Sur ces grasses et plantureuses campagnes, uniformément riches d'engrais, de canaux, d'exubérante et grossière végétation, herbes, hommes et animaux, poussent à l'envi, grossissent à plaisir. Le bœuf et le cheval y gonflent, à jouer l'éléphant. La femme vaut un homme et souvent mieux. Race pourtant un peu molle dans sa grosseur, plus forte que robuste, mais d'une force musculaire immense. Nos hercules de foire sont venus souvent du département du Nord.

La force prolifique des Bolg d'Irlande se trouve chez nos Belges de Flandre et des Pays-Bas. Dans l'épais limon de ces riches plaines, dans ces vastes et sombres communes industrielles, d'Ypres, de Gand, de Bruges, les hommes grouillaient comme les insectes après l'orage. Il ne fallait pas mettre le pied sur ces fourmilières. Ils en sortaient à l'instant, piques baissées, par quinze, vingt, trente mille hommes, tous forts, bien nourris, rouges, robustes et hardis, de rudes hommes, qui avaient foi dans la grosseur de leurs bras et la pesanteur de leurs mains, des forgerons qui, dans une révolte, continuaient de battre l'enclume sur la cuirasse des chevaliers, des foulons, des boulangers, qui pétrissaient l'émeute comme le pain, des bouchers qui pratiquaient sans scrupule leur métier sur des hommes.

Froidement héroïques devant la mort, on les vit à Roosebeke, se lier les uns aux autres pour être sûrs de charger avec ensemble et de ne pas être séparés.

Contre de telles masses la cavalerie féodale n'avait pas beau jeu.

Peu guerriers d'ailleurs de leur nature, sauf quelques moments de colère brutale, avaient-ils si grand tort d'être fiers, ces braves Flamands? Tout gros et grossiers qu'ils étaient (1), ils fai-

---

(1) Cette grossièreté de la Belgique est sensible dans une foule de choses. On peut voir à Bruxelles la petite statue du *Mannekenpiss*, le plus vieux bourgeois de la ville; on lui donne un habit neuf aux grandes fêtes.

saient merveilleusement leurs affaires. Personne n'entendait comme eux le commerce, l'industrie, l'agriculture. Nulle part le bon sens, le sens du positif, du réel, ne fut plus remarquable. Nul peuple peut-être, au moyen âge, ne comprit mieux la vie courante du monde, ne sut mieux agir et conter. La Champagne et la Flandre sont alors les seuls pays qui puissent lutter pour l'histoire avec l'Italie. La Flandre a son Villani dans Froissart, et dans Commines son Machiavel. Ajoutez-y ses empereurs-historiens de Constantinople. Ses auteurs de fabliaux sont encore des historiens, au moins en ce qui concerne les mœurs publiques.

Mœurs peu édifiantes, sensuelles et grossières. Et plus on avance au nord dans cette grasse Flandre, sous cette douce et humide atmosphère, plus la contrée s'amollit, plus la sensualité domine, plus la nature devient puissante. L'histoire, le récit ne suffisent plus à satisfaire le besoin de la réalité, l'exigence des sens. Les arts du dessin viennent au secours. La sculpture commence en France même avec le fameux disciple de Michel-Ange, Jean de Boulogne. L'architecture aussi prend l'essor; non plus la sobre et sévère architecture normande, aiguisée en ogives et se dressant au ciel, comme un vers de Corneille; mais une architecture riche et pleine en ses formes. L'ogive s'assouplit en courbes molles, en arrondissements voluptueux. La courbe tantôt s'affaisse et s'avachit, tantôt se boursoufle et tend au ventre. Ronde et onduleuse dans tous ses ornements, la charmante tour d'Anvers s'élève doucement étagée, comme une gigantesque corbeille tressée des joncs de l'Escaut.

Ces églises, soignées, lavées, parées, comme une maison flamande, éblouissent de propreté et de richesse, dans la splendeur de leurs ornements de cuivre, dans leur abondance de marbres blancs et noirs. Elles sont plus propres que les églises italiennes, et non pas moins coquettes. La Flandre est une Lombardie prosaïque, à qui manque la vigne et le soleil. Quelque autre chose manque aussi ; on s'en aperçoit en voyant ces innombrables figures de bois que l'on rencontre de plain-pied dans les cathédrales ; sculpture économique qui ne remplace pas le peuple de marbre des cités d'Italie (1). Par-dessus ces églises, au sommet de ces tours, sonne l'uniforme et savant carillon, l'honneur et la joie de la commune flamande. Le même air joué d'heure en heure pendant des siècles, a suffi au besoin musical de je ne sais combien de générations

---

(1) La seule cathédrale de Milan est couronnée de cinq mille statues et figurines.

d'artisans, qui naissaient et mouraient fixés sur l'établi.

Le pauvre tisserand, aux caves les plus noires de Lille était illuminé du carillon ami, de son joyeux concert qui sonnait : « Sois gai et sois fier ! Travaille et sois gai !... Allons ! tisse encore ! ta journée avance ; encore un *quart* et c'est fini !... »

L'instinct musical s'est développé d'une manière remarquable, surtout dans la partie wallonne.

En Flandre, la musique et l'architecture sont trop abstraites encore. Ce n'est pas assez de ces sons, de ces formes ; il faut des couleurs, de vives et vraies couleurs, des représentations vivantes de la chair et des sens. Il faut dans les tableaux de bonnes et rudes fêtes, où des hommes rouges et des femmes blanches boivent, fument et dansent lourdement (Voir au Musée du Louvre le tableau intitulé : *Fête Flamande*).

Au delà de l'Escaut, au milieu des tristes marais, des eaux profondes, sous les hautes digues de Hollande, commence la sombre et sérieuse peinture ; Rembrandt et Gérard Dow peignent où écrivent Érasme et Grotius. Mais dans la Flandre, dans la riche et sensuelle Anvers, le rapide pinceau de Rubens fera les bacchanales de la peinture. La belle suite des tableaux commandés par Marie de Médicis, peinture allégorique et officielle, ne donne point la fougue de son génie.

———

Quand le duc de Bourgogne, frère de Charles V épousa l'héritière des comtés de Flandre, d'Artois, de Rethel, de Nevers et de Franche-Comté, le roi fit le sacrifice de rendre aux Flamands Lille et Douai, la Flandre française, la barrière du royaume au nord, espérant que dans cette alliance la France absorberait la Flandre (1400). Il n'en fut pas ainsi. La distinction resta profonde, les mœurs différentes, la barrière des langues immuable; la langue française et wallonne ne gagna pas un pouce de terrain sur le flamand. La riche Flandre ne devint pas un accessoire de la pauvre Bourgogne. Ce fut le contraire. La Flandre continua à regarder vers l'Angleterre. L'alliance commerciale avec l'Angleterre faisait la richesse du pays.

Quand la maison de Bourgogne s'éteignit par la mort de Charles le Téméraire et de sa fille Marie, les Flamands s'empressèrent, de nous rendre les possessions françaises qui, sous le feu duc, n'avaient servi qu'à tourmenter la Flandre. S'ils avaient pu encore donner le Hainaut et Namur et tous les pays wallons, ils l'eussent fait volontiers afin d'avoir, désormais, des comtes de Flandre paisibles et raisonnables.

Que ce pays ait contenu, néanmoins, tant de germes de troubles, on pourrait, dès lors, s'en étonner. La Flandre est le pays du travail, et le travail vaut la paix. Elle l'eût gardée cette paix, si les grandes villes fussent restées amies. Dans la dispute qui s'éleva entre les cités rivales, Gand prévalut sur Bruges et sur Ypres, au quatorzième siècle. Au quinzième, où la lutte fut directement entre le comte et les villes, leur désunion les fit de nouveau succomber. Gand ne fut pas soutenue de Bruges et Gand, à son tour, fut brisée.

Outre les divisions intestines, cette frontière des races et des langues européennes est un grand théâtre des victoires de la vie et de la mort (1). Les hommes poussent vite, multiplient à étouffer; puis les batailles y pourvoient. Là se combat à jamais la grande bataille des peuples et des races. Cette bataille du monde qui eut lieu, dit-on, aux funérailles d'Attila, elle se renouvelle incessamment en Belgique entre la

---

(1) La Flandre hollandaise est composée de places cédées par le traité de 1648 et par le *traité de la Barrière* (1715). Ce nom est significatif.

France, l'Angleterre et l'Allemagne, entre les Celtes et les Germains. C'est là le coin de l'Europe, le rendez-vous des guerres. Voilà pourquoi elles sont si grasses, ces plaines; le sang n'a pas le temps d'y sécher ! Lutte terrible et variée ! A nous les batailles de Bouvines, Roosebeke, Lens, Steinkerke, Denain, Fontenoi, Fleurus, Jemmapes; à eux, celles des Éperons, de Courtray. Faut-il nommer Waterloo ! (1)

Angleterre ! Angleterre ! vous n'avez pas combattu ce jour-là seul à seul : vous aviez le monde avec vous. Pourquoi prenez-vous pour vous toute la gloire ? Y a-t-il tant à s'enorgueillir, si le reste mutilé de cent batailles, si la dernière levée de la France, légion imberbe, sortie à peine des lycées et du baiser des mères, s'est brisée contre votre armée mercenaire, ménagée dans tous les combats, et gardée contre nous comme le poignard *de miséricorde* dont le soldat aux abois assassinait son vainqueur ?

(1) La grande bataille des temps modernes s'est livrée précisément sur la limite des deux langues, à Waterloo. A quelques pas en deçà de ce nom flamand, on trouve le **Mont-Saint-Jean**. — Le monticule qu'on a élevé dans cette plaine semble un *tumulus* barbare, celtique ou germanique.

Je ne tairai rien pourtant. Elle me semble bien grande cette Angleterre, en face de l'Europe, en face de Dunkerque et d'Anvers en ruines.

Tous les autres pays, Russie, Autriche, Italie, Espagne, France, ont leurs capitales à l'ouest et regardent au couchant; le grand vaisseau européen semble flotter, la voile enflée du vent qui jadis souffla de l'Asie. L'Angleterre seule a la proue à l'est, comme pour braver le monde, *unum omnia contra*. Cette dernière terre du vieux continent est la terre héroïque, l'asile éternel des bannis, des hommes énergiques.. Tous ceux qui ont jamais fui la servitude, druides poursuivis par Rome, Gaulois-Romains chassés par les barbares, Saxons proscrits par Charlemagne, Danois affamés, Normands avides, et l'industrialisme flamand persécuté, et le calvinisme vaincu, tous ont passé la mer, et pris pour patrie la grande île : *Arva, beata petamus arva, divites et insulas...* Ainsi l'Angleterre a engraissé de malheurs et grandi de ruines. Mais à mesure que tous ces proscrits, entassés dans cet étroit asile, se sont mis à se regarder, à mesure qu'ils ont remarqué les différences de races et de croyances qui les séparaient, qu'ils se sont vus Kymrys, Gaëls, Saxons, Danois, Normands, la haine et le combat sont venus.

Ça été comme ces combats bizarres dont on régalait Rome, ces combats d'animaux étonnés d'être ensemble : hippopotames et lions, tigres et crocodiles. Et quand les amphibies, dans leur cirque fermé de l'Océan, se sont assez longtemps mordus et déchirés, ils se sont jetés à la mer, ils ont mordu la France.

La guerre des guerres, le combat des combats, c'est celui de l'Angleterre et de la France; le reste est épisode. Les noms français sont ceux des hommes qui tentèrent de grandes choses contre l'Anglais. La France n'a qu'un saint, la Pucelle; et le nom de Guise qui leur arracha Calais des dents, le nom des fondateurs de Brest, de Dunkerque et d'Anvers, voilà, quoique ces hommes aient fait du reste, des noms chers au pays. Pour moi, je me sens personnellement obligé envers ceux qu'ils armèrent, les Duguay-Trouin, les Jean-Bart, les Surcouf, ceux qui rendaient pensifs les gens de Plymouth, qui leur faisaient secouer tristement la tête à ces Anglais, qui les tiraient de leur taciturnité, qui les obligeaient d'allonger leurs monosyllabes.

La lutte contre l'Angleterre a rendu à la France, nous l'avons dit plus haut, un immense service. Elle a confirmé, précisé sa nationalité. A force de se serrer contre l'ennemi, les provinces se sont trouvées un peuple. C'est en voyant de près l'Anglais, qu'elles ont senti qu'elles étaient France.

Il ne fallait pas moins pour nous calmer qu'une pensée si grave, que cette forte et virile consolation, lorsque souvent ramené vers la mer, nous portions sur la plage de la Hogue, à Dunkerque, tout ce pesant passé.

Regardons-la cette mer, de Boulogne. On voit mieux de ce point... On y voit l'Océan rouler sa vague impartiale de l'une à l'autre rive. On y distingue le mouvement alternatif de ces grandes eaux et de ces grands peuples. Le flot qui porta là-bas César et le christianisme rapporte Pélage et Colomban. Le flux poussa Guillaume, Eléonore et les Plantagenêts; le reflux ramène Edouard, Henri V. L'Angleterre imite au temps de la reine Anne; sous Louis XIV c'est la France. Hier, la grande rivale nous enseigna la liberté; demain, la France reconnaissante lui apprendra l'égalité... Tel est ce majestueux balancement, cette féconde alluvion qui alterne d'un bord à l'autre... Non, cette mer n'est pas *la mer stérile* (1).

Dure émulation, la rivalité! sinon la guerre... Ces deux grands peuples doivent à jamais s'observer, se jalouser, s'imiter, se développer à l'envi : « Ils ne peuvent cesser de se chercher

(1) Homère.

ni de se haïr. Dieu les a placés en regard, comme deux aimants prodigieux qui s'attirent par un côté et se fuient par l'autre; car ils sont à la fois ennemis et parents (1). »

(1) De Maistre.

XXIX

LE BOURBONNAIS — LE BERRI

CENTRE GÉOMÉTRIQUE DE LA FRANCE

Il en est des nations comme de l'individu, il connaît et distingue sa personnalité par la résistance de ce qui n'est pas elle, il remarque le moi par le non-moi. La France s'est formée ainsi sous l'influence des grandes guerres anglaises, par opposition à la fois, et par composition. L'opposition est plus sensible dans les provinces de l'Ouest et du Nord, que nous venons de parcourir. La composition est l'ouvrage des provinces centrales dont il nous reste à parler.

Le centre géométrique de la France est marqué par une borne romaine dans le Bourbonnais. Le fief central était le duché de Bourbon. Grand fief, mais de tous les grands, le moins dangereux, ce semble, n'étant pas une nation, une race à part comme la Bretagne ou la Flandre, pas même une province comme la Bourgogne, mais une agrégation toute artificielle des démembrements des diverses provinces, Berri, Bourgogne, Auvergne. Peu de cohésion dans le Bourbonnais; moins encore dans ce que le duc de Bourbon possédait au dehors au quinzième siècle (Auvergne, Beaujolais, Forez).

Tous ces pays du centre, la France dormante des grandes plaines (Berri, Sologne, Orléanais), la France sauvage et sans route des montagnes (Velay, Vivarais, Limousin, Périgord, Quercy, Rouergue), sont sans contact avec l'étranger. Mais ce bizarre empire de Bourbon où il semblait que le possesseur ne tînt pas fortement au sol comme un duc de Bretagne, remis aux mains d'un traître faillit perdre la France. Ce fief central et massif de Bourbonnais, Auvergne et Marche, par ses possessions excentriques, le Beaujolais, le Forez, les Dombes, tenait trois anneaux pour enserrer Lyon, les rudes montagnes d'Ardèche; Gien, pour dominer la Loire, puis, tout au nord, Clermont en Beauvoisis.

On comprendrait à peine un damier de pièces si hétérogènes si l'on ne savait qu'elles venaient, en partie, de confiscations faites par Louis XI. Sinistres dépouilles des Armagnacs et autres, prises aux traîtres et qui firent des traîtres.

Ce roi prévoyant, qui avait fauché les tyrans féodaux, laissait à regret les Bourbons debout. L'aîné mourait. Pour ruiner plus sûrement le cadet, il lui avait donné sa fille, Anne de Beaujeu, avec l'engagement précis qu'à sa mort tout reviendrait au roi.

Mais, Anne voulut garder son royaume dans le royaume, en maintenant cette puissance de Bourbon que, par elle, son père avait compté détruire. C'était comme une dernière tour du monde féodal qui restait debout au cœur de la France. Elle ne pouvait consentir à tomber qu'en se transformant, devenant trône de France. Anne de Beaujeu y mit pour gardien, en lui faisant épouser sa fille, — l'homme brillant, dangereux et fatal que François Ier fit connétable, et qui, en retour, somma le roi de France de se rendre son prisonnier à Pavie.

Traître à la France, traître à l'Italie, notre alliée, Bourbon s'en alla, ensuite, faire le sac de Rome pour le compte de l'empereur. Il voulut donner lui-même l'assaut, monter à l'échelle. Une balle l'atteint, il se sent mort.

Morte aussi, de ce jour, fut la féodalité. La même heure marqua sa dernière et suprême ruine. La France, désormais, s'appartenait tout entière.

XXX

L'ORLÉANAIS – LA PICARDIE

CENTRE D'ATTRACTION

Pour trouver le vrai centre de la France, le noyau autour duquel tout devait s'agréger, il ne faut pas prendre le point central dans l'espace : Bourges et le Bourbonnais, berceau de la dynastie. Il ne faut pas chercher la principale séparation des eaux, ce seraient les plateaux de Dijon ou de Langres, entre les sources de la Saône, de la Seine et de la Meuse; pas même le point de séparation des races, ce serait sur la Loire, entre la Bretagne, l'Auvergne et la Touraine. Non, le centre s'est trouvé marqué par des circonstances plus politiques que naturelles, plus humaines que matérielles. C'est un centre excentrique, qui dérive et appuie au Nord, principal théâtre de l'activité nationale, dans le voisinage de l'Angleterre, de la Flandre et de l'Allemagne. Protégé, et non pas isolé, par les fleuves qui l'entourent, il se caractérise selon la vérité par le nom d'Ile-de-France.

On dirait, à voir les grands fleuves de notre pays, les grandes lignes de terrains qui les encadrent, que la France coule avec eux à l'Océan. Il semblerait que, par analogie, les populations, aux temps modernes, ont coulé d'ensemble avec les fleuves. Nous avons vu qu'il n'en fut pas ainsi au moyen âge, que les fleuves ne furent pas des routes. Sans compter les innombrables péages, les rivières du Midi vont à la mer en véritables torrents. Au Nord, les pentes sont peu rapides, les fleuves sont dociles. Ils n'ont point empêché la libre action de la politique de grouper les provinces autour du centre qui les attirait.

La Seine, doucement épanchée des coteaux de la Bourgogne (Côte-d'Or), est en tous sens le premier de nos fleuves, le plus civilisable, le plus perfectible. Elle n'a ni la capricieuse et perfide mollesse de la Loire, ni la brusquerie de la Garonne, ni la terrible impétuosité du Rhône, qui tombe comme un taureau échappé des Alpes, perce un lac de dix-huit lieues, et vole à la mer, en mordant ses rivages. La Seine reçoit de bonne heure l'empreinte de la civilisation. Dès Troyes, elle se laisse couper, diviser à plaisir, allant chercher les manufactures et leur prêtant ses eaux. Lors même que la Champagne lui a versé la Marne, et la Picardie l'Oise, elle n'a pas besoin de fortes digues, elle se laisse serrer dans nos quais, sans s'en irriter davantage. Entre les manufactures de Troyes et celles de Rouen, elle abreuve Paris. De Paris au Havre, ce n'est plus qu'une ville. Il faut la voir entre Pont-de-l'Arche et Rouen, la belle rivière, comme elle s'égare dans ses îles innombrables, encadrées au soleil couchant dans des flots d'or, tandis que, tout du long, les pommiers mirent leurs fruits, jaunes et rouges, sous des masses blanchâtres. Je ne puis comparer à ce spectacle que celui du lac de Genève. Le lac a de plus, il est vrai, les vignes de Vaud, Meillerie et les Alpes. Mais le lac ne marche point; c'est l'immobilité, ou du moins l'agitation sans progrès visible. La Seine marche, et porte la pensée de la France, de Paris vers la Normandie, vers l'Océan, l'Angleterre, la lointaine Amérique.

Paris a pour première ceinture, Rouen, Amiens, Orléans, Châlons, Reims, qu'il emporte dans son mouvement. A quoi se rattache une ceinture extérieure, Nantes, Bordeaux, Clermont et Toulouse, Lyon, Besançon, Metz et Strasbourg. Paris se reproduit en Lyon pour atteindre par le Rhône l'excentrique Marseille. Le tourbillon de la vie nationale a toute sa densité au Nord ; au Midi les cercles qu'il décrit se relâchent et s'élargissent.

Le vrai centre s'est marqué de bonne heure ; nous le trouvons désigné au siècle de saint Louis, dans les deux ouvrages qui *ont commencé notre jurisprudence* : ÉTABLISSEMENS DE FRANCE ET D'ORLÉANS ; — COUTUMES DE FRANCE ET DE VERMANDOIS (1). C'est entre l'Orléanais et le Vermandois, entre le coude de la Loire et les sources de l'Oise, entre Orléans et Saint-Quentin, que la France a trouvé enfin son centre, son assiette et son point de repos. Elle l'avait cherché en vain, et dans les pays druidiques de Chartres et d'Autun, et dans les chefs-lieux des clans galliques, Bourges, Clermont (*Agendicum, urbs, Arvernorum*). Elle l'avait cherché dans les capitales de l'église Mérovingienne et Carlovingienne, Tours et Reims.

La France capétienne du *roi de Saint-Denys* (2), entre la féodale Normandie et la démocratique

---

(1) A Orléans, la science et l'enseignement du droit romain ; en Picardie, l'originalité du droit féodal et coutumier ; deux Picards, Beaumanoir et Desfontaines, ouvrent notre jurisprudence.

(2) Voir pages suivantes.

Champagne, s'étend de Saint-Quentin à Orléans, à Tours. Le roi est abbé de Saint-Martin de Tours, et premier chanoine de Saint-Quentin. Défenseur des églises, il guerroyait saintement le brigandage des seigneurs de Montmorency et du Puiset et l'exécrable férocité de Coucy.

Orléans étant le coude de la Loire, le lieu où se rapprochent les deux grands fleuves, la clef du Midi, et la grande route aussi du Nord, le passage éternel des soldats, le sort de cette ville a été souvent celui de la France; les noms de César, d'Attila, de Jeanne d'Arc, des Guises, rappellent tout ce qu'elle a vu de sièges et de guerres. Jeanne d'Arc contre les Anglais, Guise contre les calvinistes. A l'époque où les brigandages des Armagnacs firent passer toutes les villes dans le parti bourguignon, Orléans resta fidèle.

La sérieuse Orléans (1) est près de la Touraine, près de la molle et rieuse patrie de Rabelais, comme la colérique Picardie à côté de l'ironique Champagne. L'histoire de l'antique France semblé entassée en Picardie. La première victoire de Pépin qui est considérée comme la chute de la famille de Clovis fut remportée à Testry, entre

(1) La raillerie orléanaise était amère et dure. Les Orléanais avaient reçu le sobriquet de *guépins*. On dit aussi : « La glose d'Orléans est pire que le texte. » — La Sologne a un caractère analogue : « Niais de Sologne, qui ne se trompe qu'à son profit. »

Saint-Quentin et Péronne. La royauté, de Clovis à Charles le Chauve, résidait à Soissons (1), à Crépy, Verbery, Attigny. Vaincue par la féodalité, elle se réfugia sur la montagne de Laon. Laon, sur son inaccessible sommet, fut la ville royale et eut le triste honneur de défendre les derniers Carlovingiens. Il fallut que les ravages des Normands fussent passés, pour que nos rois de la troisième race se hasardassent à descendre en plaine, et vinssent s'établir à Paris, dans l'île de la Cité, à côté de Saint-Denis, berceau de la monarchie et tombe de nos rois.

Laon, Péronne, Saint-Médard de Soissons, asiles et prisons tour à tour, reçurent Louis le Débonnaire, Charles le Simple, Louis d'Outremer, Louis XI. La royale tour de Laon a été détruite en 1832; celle de Péronne dure encore. Elle dure, la monstrueuse tour féodale des Coucy.

> Je ne suis roi, ne duc, prince, ne comte aussi,
> Je suis le sire de Coucy.

Les révolutions communales qui se font partout, à petit bruit, vers l'an 1100 pour la revendication de la liberté, ont commencé dans les

(1) Pépin y fut élu, en 750. Louis d'Outre-mer y mourut.

villes du centre, dans l'Oise, dans la Somme (1).
Ici, le peuple s'adresse directement au roi pour
faire garantir solennellement des concessions
souvent violées par les seigneurs laïques et ecclésiastiques. C'est à ces villes qu'on a plus
particulièrement donné le nom de *communes*
ou, pour être plus exact, de *bourgeoisies*.

C'est dans la vaillante et colérique Picardie
dont ces communes avaient si bien battu les
Normands, c'est dans le pays de Calvin et de
tant d'autres esprits révolutionnaires, qu'eurent
lieu ces explosions. Les premières communes
furent Noyon, Beauvais, Laon, les trois pairies
ecclésiastiques. Joignez-y Saint-Quentin. L'Église avait jeté les fondements d'une forte démocratie. Cambrai, Douai ont encore une grande
figure ecclésiastique, militaire, universitaire.

Elles furent héroïques, nos communes picardes et combattirent bravement. Elles eurent
aussi leur beffroi, leur tour, non pas inclinée et
vêtue de marbre, comme les *miranda* d'Italie,
mais parées d'une cloche sonore qui n'appelait
pas en vain les bourgeois à la bataille contre
l'évêque ou le seigneur. Les femmes y allaient
comme les hommes. Quatre-vingt femmes vou-

---

(1) Beauvais, Abbeville : dans toute cette Picardie, les hommes, les femmes sont gais, énergiques, avec quelque chose de bref. Petit vin, petit élan et court.

lurent prendre part à l'attaque du château d'Amiens et s'y firent toutes blesser; ainsi plus tard Jeanne Hachette, au siège de Beauvais. Gaillarde et rieuse population, d'impétueux soldats et de joyeux conteurs, pays de mœurs légères, des fabliaux salés, des bonnes chansons de Béranger.

Fortement féodale, fortement communale et démocratique fut cette ardente Picardie. La noblesse entra de bonne heure dans la grande pensée de la France. La maison de Guise, branche picarde des princes de Lorraine, défendit Metz contre les Allemands, prit Calais aux Anglais, et faillit prendre aussi la France au roi. La monarchie de Louis XIV fut dite et jugée par le Picard Saint-Simon. Un autre Picard, vingt ans après Commines, trente ans avant Montaigne, a donné la nouvelle langue française. Elle jaillit de la bouche de Calvin, cette langue sobre et forte, étonnament pure, triste, amère, mais robuste et déjà toute armée.

Le même pays qui donna Calvin, commença la Ligue contre Calvin. Un moine d'Amiens, Pierre l'Ermite, avait enlevé toute l'Europe, princes et peuples, à Jérusalem, par l'élan de la religion. Un légiste de Noyon la changea, cette religion, dans la moitié des pays occidentaux; il fonda sa Rome à Genève, et mit la république dans la foi. La république, elle, fut poussée par les mains picardes dans sa course rapide, de Condorcet en Camille Desmoulins, de Desmoulins en Gracchus Babœuf (1). Elle fut chantée par Béranger, qui dit si bien le mot de la nouvelle France : « Je suis vilain et très vilain. » Entre ces vilains, plaçons au premier rang notre illustre général Foy, l'homme pur, la noble pensée de l'armée (2).

———

Le Midi et les pays vineux n'ont pas, comme l'on voit, le privilège de l'éloquence. La Picardie vaut la Bourgogne : ici il y a du vin dans le cœur. On peut dire qu'en avançant du centre à la frontière belge le sang s'anime, et que la chaleur augmente vers le Nord. La plupart de nos grands artistes, Claude Lorrain, le Poussin, Le-

---

(1) Condorcet, né à Ribemont en 1743, mort en 1794. — Camille Desmoulins, né à Guise en 1762, mort en 1794. — Babœuf, né à Saint-Quentin, mort en 1797. — Béranger est né à Paris, mais d'une famille picarde.

(2) Né à Ham. — Plusieurs généraux de la Révolution sont sortis de la Picardie : Dumas, Dupont, Serrurier, etc. — Ajoutons à la liste de ceux qui ont illustré ce pays fécond en tout genre de gloire : Anselme, de Laon; Ramus, tué à la Saint-Barthélemy; Boutillier, l'auteur de la *Somme rurale;* l'historien Guibert de Nogent; Charlevoix; les d'Estrées et les Genlis.

sueur (1), Goujon, Cousin, Mansart, Lenôtre, David, appartiennent aux provinces septentrionales; et, si nous passons la Belgique, si nous regardons cette petite France de Liège, isolée au milieu de la langue étrangère, nous y trouvons notre Grétry.

(1) Claude le Lorrain, né à Chamagne en Lorraine, en 1600, mort en 1682. — Poussin, originaire de Soissons, né aux Andelys en 1594, mort en 1665. — Lesueur, né à Paris en 1617, mort en 1655. — Jean Cousin, fondateur de l'École française, né à Soucy, près Sens, vers 1501. — Jean Goujon, né à Paris, mort en 1572. — Germain Pilon, né à Loué, à six lieues du Mans, mort à la fin du seizième siècle. — Pierre Lescot, l'architecte à qui l'on doit la fontaine des Innocents, né à Paris en 1510, mort en 1571. — Callot, ce rapide et spirituel artiste qui grava quatorze cents planches, né à Nancy en 1593, mort en 1635. — Mansart, l'architecte de Versailles et des Invalides, né à Paris en 1645, mort en 1708. — Lenôtre, né à Paris en 1613, mort en 1700, etc.

L'ILE-DE-FRANCE – PARIS – PATRIE

I

Nous sommes enfin arrivés au terme du voyage ; nous entrons dans notre *Ile-de-France*, si bien nommée. Ici, il y a de tout, *mais avec travail*, des pommiers, des vignes, de l'orge, du froment, cidre, vin, bière farines, pâturages même. La Normandie, la Bourgogne, la France et la Flandre semblent s'être réunies pour doter ce berceau de la France. Les routes ne sont bordées ni de noyers comme en Touraine, ni de pommiers comme en Normandie. L'orme, dur et patient, y croît pour l'industrie. Vous ne trouverez ici, ni légers treillages, où la vigne tombe en guirlandes, ni cultures mariées... Médiocrité forte, riche, intelligente, laborieuse, communications faciles, comme un appel du centre aux extrémités.

II

Paris

Pour ce centre du centre, Paris, Ile-de-France, il n'est qu'une manière de les faire connaître, c'est de raconter l'histoire de la monarchie. On les caractériserait mal en citant, comme nous l'avons fait pour la Picardie, quelques noms propres ; ils ont reçu, ils ont donné l'esprit national ; ils ne sont pas un pays, mais le résumé du pays. La féodalité même de l'Ile-de-France exprime des rapports généraux. Dire les Montfort, c'est dire Jérusalem, la croisade du Languedoc, les communes de France et d'Angleterre et les guerres de

Bretagne ; dire les Montmorency, c'est dire la féodalité rattachée au pouvoir royal, d'un génie médiocre, loyal et dévoué. Quant aux écrivains si nombreux, qui sont nés à Paris, ils doivent beaucoup aux provinces dont leurs parents sont sortis, ils appartiennent surtout à l'esprit universel de la France qui rayonna en eux. En Villon, en Boileau, en Molière et Regnard, en Voltaire, on sent ce qu'il y a de plus général dans le génie français ; ou, si l'on veut y chercher quelque chose de local, on y distinguera tout au plus un reste de cette vieille sève d'esprit bourgeois, esprit moyen, moins étendu que judicieux, critique et moqueur, qui se forma de bonne humeur gauloise et d'amertume parlementaire entre le parvis Notre-Dame et les degrés de la Sainte-Chapelle.

Mais ce caractère indigène et particulier est encore secondaire : le général domine. Qui dit Paris, dit la monarchie tout entière. Comment s'est formé en une ville ce grand et complet symbole du pays ? Il faudrait toute l'histoire du pays pour l'expliquer : la description de Paris en serait le dernier chapitre (1). Le génie parisien est la forme la plus complexe à la fois et la plus haute de la France. Il semblerait qu'une chose

---

(1) Nous espérons donner bientôt ce chapitre en nous aidant des papiers inédits de M. Michelet. (M*me* J. M.)

qui résultait de l'annihilation de tout esprit local, de toute provincialité, dût être purement négative. Il n'en est pas ainsi. De toutes ces négations d'idées matérielles, locales, particulières, résulte une généralité vivante, une chose positive, une force vive. Nous l'avons vu en Juillet.

III

La France, comme le corps humain, est un système organique complet, fortement centralisé.

C'est un grand et merveilleux spectacle de promener ses regards du centre aux extrémités, et d'embrasser de l'œil ce vaste et puissant organisme, où les parties diverses sont si habilement rapprochées, opposées, associées, le faible au fort, le négatif au positif; de voir l'éloquente et vineuse Bourgogne entre l'ironique naïveté de la Champagne, et l'âpreté critique, polémique, guerrière, de la Franche-Comté et de la Lorraine; de voir le fanatisme languedocien entre la légèreté provençale et l'indifférence gasconne; de voir la convoitise, l'esprit conquérant de la Normandie contenus entre la résistante Bretagne et l'épaisse et massive Flandre.

Considérée en longitude, la France ondule en deux longs systèmes organiques, comme le corps humain est double d'appareil, gastrique et cérébro-spinal. D'une part, les provinces de Normandie, Bretagne et Poitou, Auvergne et Guyenne; de l'autre, celles de Languedoc et de Provence, Bourgogne et Champagne, enfin celles de Picardie et de Flandre, où les deux systèmes se rattachent. Paris est le sensorium.

La force et la beauté de l'ensemble consistent dans la réciprocité des secours, dans la solidarité des parties, dans la distribution des fonctions, dans la division du travail social. La force résistante et guerrière, la vertu d'action est aux extrémités, l'intelligence au centre. Les provinces frontières, coopérant plus directement à la défense, gardent les traditions militaires, continuent l'héroïsme barbare, et renouvellent sans cesse d'une population énergique le centre énervé par le froissement rapide de la rotation sociale. Le centre, abrité de la guerre, pense, innove dans l'industrie, dans la science, dans la politique; il transforme tout ce qu'il reçoit. Il boit la vie brute, et elle se transfigure. Les provinces se regardent en lui; en lui elles s'aiment et s'admirent sous une forme supérieure; elles se reconnaissent à peine :

« Miranturque novas frondes et non sua poma. »

Cette belle centralisation, par quoi la France est la France, elle attriste au premier coup d'œil. La vie est au centre, aux extrémités; l'intermédiaire est faible et pâle. Entre la riche banlieue de Paris et la riche Flandre, vous traversez la vieille et triste Picardie; c'est le sort des provinces centralisées qui ne sont pas le centre même. Il semble que cette attraction puissante les ait affaiblies, atténuées. Elles le regardent uniquement, ce centre, elles ne sont grandes que par lui. Mais plus grandes sont-elles par cette préoccupation de l'intérêt central, que les provinces excentriques ne peuvent l'être par l'originalité qu'elles conservent. La Picardie centralisée a donné Condorcet, Foy, Béranger, et bien d'autres, dans les temps modernes. Dans la France, la première gloire est d'être Français. Les extrémités sont opulentes, fortes, héroïques, mais souvent elles ont des intérêts différents de l'intérêt national; elles sont moins françaises. La Convention eut à vaincre le fédéralisme provincial avant de vaincre l'Europe.

IV

*Du rôle que remplissent nos provinces frontières.
Ce qu'est la France comparée aux
autres nations.*

C'est néanmoins une des grandeurs de la France que sur toutes ses frontières elle ait des provinces qui mêlent au génie national quelque chose du génie étranger. A l'Allemagne, elle oppose une France allemande; à l'Espagne une France espagnole; à l'Italie une France italienne. Entre ces provinces et les pays voisins, il y a analogie et néanmoins opposition. On sait que les nuances diverses s'accordent souvent moins que les couleurs opposées; les grandes hostilités sont entre parents. Ainsi la Gascogne ibérienne n'aime pas l'ibérienne Espagne. Ces provinces analogues et différentes en même temps, que la France présente à l'étranger, offrent tour à tour à ses attaques une force résistante ou neutralisante. Ce sont des puissances diverses par quoi la France touche le monde, par où elle a prise sur lui. Pousse donc, ma belle et forte France, pousse les long flots de ton onduleux territoire au Rhin, à la Méditerranée, à l'Océan. Jette à la dure Angleterre la dure Bretagne, la tenace Normandie ; à la grave et solennelle Espagne, oppose la dérision gasconne ; à l'Italie la fougue provençale ; au massif Empire germanique, les solides et profonds bataillons de l'Alsace et de la Lorraine (1) ; à l'enflure, à la colère belge, la sèche et sanguine colère de la Picardie, la sobriété, la réflexion, l'esprit disciplinable et civilisable des Ardennes et de la Champagne.

Pour celui qui passe la frontière et compare la France aux pays qui l'entourent, la première impression n'est pas fovorable. Il est peu de côtés où l'étranger ne semble supérieur. De Mons à Valenciennes, de Douvres à Calais, la différence est pénible. La Normandie est une Angleterre, une pâle Angleterre. Que sont pour le commerce et l'industrie, Rouen, le Havre, à côté de Manchester et de Liverpool ? Mais il ne faut pas prendre la France pièce à pièce, il faut l'embrasser dans son ensemble. C'est

(1) Nous avons laissé cette phrase qui exprime si bien la nécessité, pour la France, de recouvrer ses légitimes frontières. Non pour l'attaque contre un peuple dont l'amitié lui vaut mieux que la haine, mais pour ses garanties naturelles. (Mme J. M.)

justement parce que la centralisation est puissante, la vie commune, forte et énergique, que la vie locale est faible. Je dirai même que c'est là la beauté de notre pays. Il n'a pas cette tête de l'Angleterre monstrueusement forte d'industrie, de richesse; mais il n'a pas non plus le désert de la Haute-Écosse, le cancer de l'Irlande. Vous n'y trouvez pas, comme en Allemagne et en Italie, vingt centres de science et d'art; il n'en a qu'un, un de vie sociale. L'Angleterre est un empire, l'Allemagne un pays, une race; la France est une personne.

V

La supériorité sociale de la France tient à sa forte personnalité.

La personnalité, l'unité, c'est par là que l'être se place haut dans l'échelle des êtres. Je ne puis mieux me faire comprendre qu'en reproduisant le langage d'une ingénieuse physiologie.

Chez les animaux d'ordre inférieur, poissons, insectes, mollusques et autres, la vie locale est forte. « Dans chaque segment de sangsue se trouve un système complet d'organes, un centre nerveux, des anses et des renflements vasculaires, une paire de lobes gastriques, des organes respiratoires et reproducteurs. Aussi a-t-on remarqué qu'un de ces segments peut vivre quelque temps, quoique séparé des autres. A mesure qu'on s'élève dans l'échelle animale, on voit les segments s'unir plus intimement les uns aux autres, et l'individualité du grand tout se prononcer davantage. L'individualité dans les animaux composés ne consiste pas seulement dans la soudure de tous les organismes, mais encore dans la jouissance commune d'un nombre de parties, nombre qui devient plus grand à mesure qu'on approche des degrés supérieurs. La centralisation est plus complète, à mesure que l'animal monte dans l'échelle (1) ». Les nations peuvent se classer comme les animaux. La jouissance commune d'un grand nombre de parties, la solidarité de ces parties entre elles, la réciprocité de fonctions qu'elles exercent l'une à l'égard de l'autre, c'est là la supériorité sociale. C'est celle de la France, le pays du monde où la nationa-

---

(1) Dugès.

lité, où la personnalité nationale, se rapproche le plus de la personnalité individuelle.

Diminuer, sans détruire, la vie locale, particulière, au profit de la vie générale et commune, c'est le problème de la sociabilité humaine. Le peuple le mieux centralisé est aussi celui qui par son exemple, et par l'énergie de son action, a le plus avancé la centralisation du monde.

VI

Comment la France s'est unifiée et a fondé la patrie.

Cette unification de la France, cet anéantissement de l'esprit provincial est considéré fréquemment comme le simple résultat de la conquête des provinces. La conquête peut attacher ensemble, enchaîner des parties hostiles, mais les unir, jamais.

On a vu l'accumulation des races qui sont venues, au premier âge de la vie de la France, se déposer l'une sur l'autre et féconder le sol gaulois de leurs alluvions. Pouvait-on dire que ce fût là la France? De ces éléments dont la France s'est faite, un tout autre mélange pouvait résulter. Les mêmes principes chimiques composent l'huile et le sucre. Ainsi, les mêmes principes donnés, tout n'est pas donné; reste le mystère du travail, des modifications que ces principes opèrent sur eux-mêmes, en un mot le mystère de l'existence propre, spéciale.

Combien doit-on en tenir compte, quand il s'agit d'un mélange actif et vivant comme une nation.

La conquête et la guerre n'ont fait qu'ouvrir les provinces aux provinces, elles ont donné aux populations isolées l'occasion de se connaître; la vive et rapide sympathie du génie gallique, son instinct social et centralisateur ont fait le reste (1). L'unité obtenue, ces provinces, diverses de climats, de mœurs et de langage, se sont comprises, se sont aimées; toutes se sont senties solidaires. Le Gascon s'est inquiété de la Flandre, le Bourguignon a joui ou souffert de ce qui se faisait aux Pyrénées; le Breton, assis au rivage de l'Océan, a senti les coups qui se donnaient sur le Rhin.

---

(1) Il faut dire aussi que chez nous, la langue et le droit ont tendu à l'unité. Dès 1300, la France a tiré de cent dialectes une langue dominante, celle de Joinville et de Beaumarchais.

Ainsi s'est formé l'esprit général, universel de la contrée. L'esprit local a disparu chaque jour; l'influence du sol, du climat, de la race, a cédé à l'action sociale et politique. La fatalité des lieux a été vaincue, l'homme a échappé à la tyrannie des circonstances matérielles. Le Français du Nord a goûté le Midi, s'est animé à son soleil; le Méridional a pris quelque chose de la ténacité, du sérieux, de la réflexion du Nord. La société, la liberté, ont dompté la nature, l'histoire a effacé la géographie. Dans cette transformation merveilleuse, l'esprit a triomphé de la matière, le général du particulier, et l'idée du réel. L'homme individuel est matérialiste, il s'attache volontiers à l'intérêt local et privé; la société humaine est spiritualiste, elle tend à s'affranchir sans cesse des misères de l'existence locale, à atteindre la haute et abstraite unité de la patrie.

Les époques barbares que nous avons parcourues ne nous ont présenté presque rien que de local, de particulier, de matériel. L'homme tenait au sol, il y était engagé, il semblait en faire partie. L'histoire, dans les temps anciens, a regardé la terre, comme la race elle-même si puissamment influencée par la terre. Mais peu à peu, la force propre qui est en l'homme l'a dégagé, déraciné de cette terre. Il en est sorti, l'a repoussée, l'a foulée ; il lui a fallu au lieu de son village natal, de sa ville, de sa province, une grande patrie par laquelle il pût compter lui-même dans les destinées du monde. C'est au moment où la France a supprimé dans son sein toutes les Frances divergentes, qu'elle a donné sa haute et originale révélation. Elle s'est trouvée elle-même, et, tout en proclamant le futur droit du monde, elle s'est distinguée du monde, plus qu'elle n'avait fait jamais. Elle a fortifié son individualité, acquérant toujours davantage des originalités plus puissantes et plus fécondes. Elle est devenue de plus en plus une nation.

Gardons-nous bien de perdre cela. La nationalité, la patrie, c'est toujours la vie du monde. Elle morte, tout serait mort. Si cela est vrai pour les autres peuples, combien plus pour la France.

N'écoutez donc pas ceux qui disent : « Qu'est-ce que c'est que la Patrie ? » Prosaïque commentaire de la poésie d'Horace : « Rome s'écroule, fuyons aux îles fortunées. »

Nous ne sommes point des fils d'esclave, sans patrie, sans dieux, comme l'était le grand poète que nous venons de citer ; nous ne sommes pas des romains de Tarse, comme l'apôtre des gentils, nous sommes les romains de Rome et les Français de la France. Nous sommes les fils de ceux qui, par l'effet d'une nationalité héroïque, ont fait l'ouvrage du monde, et fondé, pour toute nation, l'évangile de l'égalité. Nos pères n'ont pas compris la fraternité comme cette vague sympathie qui fait accepter, aimer tout, qui mêle, abâtardit, confond. Ils crurent que la fraternité n'était pas l'aveugle mélange des existences et des caractères, mais bien l'union des cœurs. Ils gardèrent pour eux, pour la France, l'originalité du dévouement, du sacrifice, que personne ne lui disputa. L'occasion était belle pour les autres nations de ne pas la laisser seule. Elles n'imitèrent pas la France dans son dévouement. Pourquoi la France les imiterait-elle, aujourd'hui, dans leur égoïsme, leur indifférence et en tant de choses regrettables ? La voie de l'imitation, c'est tout simplement la voie du suicide et de la mort.

Ne croyez pas qu'on imite... On prend à un peuple voisin telle chose qui chez lui est vivante; on se l'approprie tant bien que mal, malgré les répugnances d'un organisme qui n'était pas fait pour elle ; mais c'est un corps étranger que vous vous mettez dans la chair ; c'est une chose inerte et morte, c'est la mort que vous adoptez. Que dire, si cette chose n'est pas étrangère seulement et différente, mais ennemie ! Si vous l'allez chercher justement chez ceux que la nature vous a donné pour adversaires, qu'elle vous a symétriquement opposés ? Si vous demandez un renouvellement de vie à ce qui est la négation de votre vie propre ?

Quelles que soient les épreuves que notre nation ait traversées, n'oublions pas que nous sommes les fils de la grande patrie, la France. Nous en avons le droit.

Si l'on voulait entasser ce que chaque nation a dépensé de sang, d'or, et d'efforts de toute sorte, pour les choses désintéressées qui ne devaient profiter qu'au monde, la pyramide de la France irait montant jusqu'au ciel... Et la vôtre, ô nations, toutes tant que vous êtes ici, ah ! la vôtre, l'entassement de vos sacrifices, irait au genou d'un enfant.

C'est pour votre cause qu'elle a donné sans compter... Et n'ayant plus rien, elle a dit : « Je n'ai ni or, ni argent, mais ce que j'ai, je le donne. » Alors elle a donné son âme. Ce qui fait la vie du monde, c'est le souffle de la France en quelque état qu'elle soit. Mais d'avoir tant donné, ne croyez pas qu'elle en soit appauvrie, tarie. « Plus on donne, et plus on garde. » Cette tradition de fraternité, c'est celle qui fait de l'histoire de France celle de l'humanité. En elle se perpétue, sous forme diverse, l'idéal moral du monde, de saint Louis à la Pucelle, de Jeanne d'Arc à nos jeunes généraux de la Révolution. Le saint de la France, quel qu'il soit, est celui de toutes les nations; il est adopté, béni et pleuré du genre humain parce qu'elle est entre toutes les nations, celle qui a confondu son intérêt et sa destinée avec ceux de l'humanité.

FIN

TABLE DES MATIÈRES

Pages.

Préface ....

LA VIEILLE FRANCE

Sa lutte pour conquérir son unité géographique et morale 1-25

LA FRANCE A VOL D'OISEAU

Une bonne géographie doit être à la fois physique et historique 26
La méthode historique permet d'observer l'alternance du caractère des provinces.......... 28
La France vue du Jura. 29
Les bassins du Rhône et de la Garonne sont secondaires. La vie forte est au Nord 30
La France étudiée en latitude et longitude. 31
Différence profonde entre la Normandie et la Bretagne 32

LA BRETAGNE

Sa physionomie...................... 34
Génie de la Bretagne, son indomptable résistance. . 36
Saint-Malo 37
Brest, port militaire 38
La Pointe de Saint-Mathieu. Guerre atroce entre la mer et l'homme 39

	Pages.
L'île de Sein.	42
Carnac.	43
Auray. — Quiberon, théâtre des guerres bretonnes.	44
Caractère sombre du Morbihan.	46
Ce qu'était la vieille noblesse bretonne. Le duc portait couronne.	47
Le vieil idiome s'en va : *M. Système*.	50
Nantes est peu bretonne, son caractère.	52
Ce que fut la ville pendant la Révolution.	53

MAINE — ANJOU — TOURAINE

Où finit le monde celtique.	54
L'Angevin plus disciplinable que le Breton.	55
Angers : ce qu'elle fut, ce qu'elle est aujourd'hui.	id.
Saumur dort aussi au murmure de la Loire.	56
Tours, Saint-Martin, le Delphes de la vieille France.	57
Paysages de la Loire.	58
La Loire n'est pas le fleuve de la civilisation.	59

LE POITOU — AUNIS — VENDÉE

Caractère du Poitou : un assemblage de nature diverses.	60
Il n'a rien pu achever.	63
Poitiers.	id.
Caractère des Poitevins.	65
Hommes illustres du Poitou.	66
Le plateau des Deux-Sèvres, La Rochelle.	id.
Sièges de La Rochelle.	67
Attachement des Rochelais pour la France.	68
Ce que perdit la France le jour où tomba La Rochelle.	69
La Vendée; elle ne s'est révélée qu'à la Révolution.	70
Profonde différence entre le Breton et le Vendéen.	71
Ce que fut la guerre de Bretagne et celle de la Vendée.	72

TABLE DES MATIÈRES

Pages.

SAINTONGE — ANGOULÊME

Nous entrons en plein pays de renaissance rablaisienne.	73
Cognac, berceau de François Ier	id.
Saintes. — Angoulême.	74
Les églises donnent souvent l'histoire des mœurs.	id.
Angoulême est remplie du souvenir de Marguerite, sa maison, le paysage	75

LE LIMOUSIN

Caractère du haut Limousin. Il fut longtemps disputé par l'Angleterre à la France	76
La Corrèze est fille du Cantal. Pays pauvre et charmant.	77
Hommes illustres du Limousin.	id.

L'AUVERGNE

Son antique prépondérance. — Vercingétorix et César.	79
Fertilité de la Limagne; elle fut pour tous un objet d'envie. — Invasions du Midi et du Nord.	80
Les Goths s'emparent de l'Auvergne.	81
Clovis et ses fils vainqueurs à leur tour	id.
Les Arvernes vaincus règnent sur les vainqueurs.	82
Description de l'Auvergne	84
Vigueur de la race	85
Hommes célèbres, leur originalité. — Desaix	id.

ROUERGUE — QUERCY — HAUT-LANGUEDOC

Caractère géographique du Rouergue et du Quercy.	87
Ce qu'a fait la Dordogne (rivière)	88
La grande plaine de la Garonne. — Ses productions.	89
Montauban. — Vision des Pyrénées	id.
Toulouse. — Mélange de la population	90

	Pages.
Saint-Sernin. — Le cloître de la Renaissance. . . .	91
Vocation des Toulousains.	id.
Toulouse point central du Midi. — La Garonne. . .	92

DORDOGNE ET GUIENNE

Quelle est la route la plus naturelle pour entrer en Guienne.	93
Physionomie des environs de Bordeaux.	94
Bordeaux ; vicissitudes de sa destinée	95
Opposition de nature entre la Guienne et le Languedoc.	96
Ce qu'est le pays de Montaigne et de Montesquieu .	id.

LES LANDES — LA MER DE GASCOGNE

Caractère géographique des Landes	98
Les bergers.	99
L'intérêt pittoresque de la France de l'Ouest est à ses deux extrémités.	100
La mer, de Cordouan à Biarritz, est une mer de combat.	id.
Dialogue entre les montagnes et la mer	101

LE BÉARN — LE PAYS D'ARMAGNAC

Pau. — Première vision des Pyrénées.	102
Physionomie de la population. — Où il faut chercher la vraie béarnaise.	103
Caractère indépendant des Béarnais	104
Portrait des Gascons-Béarnais. — Race intrépide. .	105
Le pays d'Armagnac, sa rudesse.	106
Différence profonde de nature entre le Gascon du Béarn et le Gascon de l'Armagnac.	107
Ce que furent les chefs Armagnacs pour la France .	id.

LES PYRÉNÉES

Ce n'est pas un système comme les Alpes ; c'est un mur entre la France et l'Espagne	108

TABLE DES MATIÈRES

Pages.

Les Catalans et les Roussillonnais portiers des deux mondes.	109
La Maladetta.	id.
Les Pyrénées plus hautes que les Alpes. — Leur magie est dans la lumière.	110
C'est entre Bagnères et Barèges qu'on saisit la fantastisque beauté des Pyrénées.	id.
La France finit à Gavarnie. — Ce qu'on voit de son port.	111
La brèche de Roland.	id.
Comparaison entre les deux versants, Français, Espagnol.	112
Les Pyrénées mettent l'homme en rapport avec l'âme de la terre.	113
La route de Pau aux *Eaux-Chaudes*.	id.
Le Gave de Pau.	114
Physionomie des montagnards descendant à la foire d'Oloron.	id.
La foire de Tarbes. — Tous les costumes des Pyrénées.	115
Autre portrait du Béarnais.	116
Les Basques. — Leur antiquité.	id.
Les races pures : Celtes, Basques, ont dû céder aux races mixtes.	118
La montagne s'en va comme les races, elle s'écroule.	id.
Destruction des forêts qui retenaient les terres.	119
La chèvre achève la ruine.	120

ROUSSILLON — BAS-LANGUEDOC

Le vieux Languedoc. — C'est une autre Judée.	121
Ce coin du Midi est une babel des races.	122
Insalubrité des villes du Bas-Languedoc : Albi, Agde, Lodève, etc.	123
Vous y trouvez partout des ruines et des tombeaux.	id.

	Pages.
Les monuments romains. — Le droit romain. . . .	124
Esprit républicain de la province.	125
En religion, plus fanatique que dévote; énergie meurtrière.	id.
Cela tient au vent desséchant et à la confusion des races	126
Le Languedoc est aussi placé au coude du Midi. — De là, les froissements. — C'est un lieu de combat.	id.
Les *Albigeois*.	id.
Horreur du Nord pour le Midi	127
La haine traditionnelle existe encore entre Nîmes et la montagne : les Cévennes.	id.

LES CÉVENNES — LE VIVARAIS

Nous sommes encore ici sur la vieille terre du Languedoc.	128
Topographie des Cévennes.	129
Fleuves qui coulent des deux versants de la montagne.	130
Les Étroits du Tarn.	id.
Rien n'affaiblit, ici, l'histoire.	131
La population du désert. — Sa haute moralité . . .	id.
Ce qu'il fallut de persécutions pour l'ensauvager. . .	132
Le berceau des *Pasteurs du désert*, leur tombeau	133
Le Vivarais est la portion la plus tourmentée des Cévennes.	134
Aridité de l'Ardèche. — Ce qu'en a fait l'homme. .	id.
Héroïsme du châtaignier, du mûrier, la soie	id.
La fileuse.	135
Aubenas. — Victoire définitive de l'homme sur la pierre.	id.
J'ai vu tout cela un soir	id.
Dans le Haut et le Bas Vivarais; la différence de nature est complète.	136

TABLE DES MATIÈRES

Pages.

LA PROVENCE — LA CORSE

Le cours de l'Ardèche nous mène en Provence...	137
La Provence diffère du Languedoc et se rapproche du génie gascon.	id.
Le Languedoc est un système complet; la Provence un prolongement des Alpes.	138
La vie de la Provence est au bord de la mer, celle du Languedoc dans les terres.	id.
La Méditerranée. — Sa côte est africaine.	139
Toulon. — Sa rade.	id.
D'où l'on peut voir la Corse.	140
Avantage du climat provençal pour tremper les races.	id.
Tous les peuples y sont venus.	141
Les femmes d'Arles, les filles d'Avignon, ont retenu le grec, l'italien, l'espagnol, etc.	id.
La Provence grecque commence près de Toulon. — L'homme du Var.	142
Rudesse du climat provençal.	id.
Le Rhône est le symbole de la contrée.	143
La Camargue.	id.
Le génie provençal est barbare, mais non sans grâce. — Les danses.	144
Le golfe de Lion est une rude école.	id.
Marins illustres.	id.
Le servage n'a point pesé sur la Provence.	145
Libre essor de la province dans la littérature et la philosophie.	id.
Au douzième et au treizième siècle, la Provence donne son nom à la littérature du Midi.	id.
Orateurs et rhéteurs. — Toute la Provence contenue en Mirabeau.	146
Pourquoi la Provence n'a pas vaincu et dominé la France.	id.
La Provence comme l'Italie, appartient à l'antiquité.	147

SUITE DE LA PROVENCE — LE COMTAT — AVIGNON

	Pages.
Arles, ses destinées.	148
L'intérieur de la Provence explique les causes de sa ruine.	149
L'histoire de France au treizième siècle est celle du comte de Provence.	150
Le pape détrôné à Rome par Charles d'Anjou vient résider à Avignon.	id.
Le Comtat a été donné au pape par l'albigeois Raymond VII.	id.
Ce qu'était ce pays, les libertés qu'il offrait.	151
Ses vicissitudes dans le passé.	id.
Le pape à Avignon y fut plus roi que le roi.	152
Le séjour des papes dans le Comtat acheva la ruine de la Provence.	id.
Sur qui Pétrarque a tant pleuré à la source de Vaucluse.	153
D'où vient encore l'imparfaite destinée de la Provence.	id.
Il faut tenir compte aussi de son climat.	id.
Le combat entre les vents du Nord et du Midi commence à Valence.	id.
La population d'Avignon est fille du Rhône. — Le *mistral*.	154
La poésie du Midi repose dans la mélancolie de Vaucluse, etc.	155

LE DAUPHINÉ

L'originalité des provinces du Midi fait leur isolement.	156
Le Dauphiné appartient à la vraie France.	157
Intrépidité des Dauphinois. — Bayard.	id.
Les Alpes franchies pour la première fois par les Basques et les Dauphinois.	id.

TABLE DES MATIÈRES

Pages.

Esprit guerrier, critique et analytique des provinces de l'Est. — Les hommes célèbres.	157
Le Dauphinois, comme le Normand, est processif.	id.
Sa poésie est dans la guerre.	159
Les femmes s'en mêlent.	160
Mœurs franches et simples des Dauphinois.	id.
La fête du Soleil.	161
L'émigration.	162
Le passé historique du Dauphiné.	163
D'où vient le nom de Dauphin.	id.
Pourquoi la féodalité n'a jamais pesé sur la province.	164
Le premier acte de la Révolution est parti du Dauphiné.	id.
Hommage de Bonaparte à Grenoble.	165

LA SAVOIE

La France est entourée de plusieurs Frances.	166
La Savoie et les Hautes-Alpes sont un même massif.	167
L'histoire antique de la Savoie est celle du Dauphiné.	id.
La Savoie annexe du Piémont. — Il l'étouffait.	168
La Savoie descendit en France.	id.
Alliances matrimoniales entre les deux pays.	id.
La Convention porte à la Savoie la délivrance.	169
Description de la Savoie : Annecy.	id.
Où l'on trouve la vraie Savoie.	170
Saint-Gervais. — Contamines. — Les glaciers.	171
Le Mont-Blanc ne conduit à rien.	172
Physionomie expressive de la population Savoyarde.	id.
La Savoie garde ce que la France a perdu : la gaieté.	173
Opposition entre les deux versants du lac de Genève : Canton de Vaud. — Savoie.	174
Ce que la France a fait pour sa petite sœur.	id.

LA FRANCHE-COMTÉ

	Pages.
Topographie du Jura.	175
Différence de nature et de fortune entre le versant Français et le versant Suisse.	176
Les *Combes* du Jura.	id.
Le Jura Suisse est industriel, la Franche-Comté est surtout agricole.	177
Pauvreté de la région des plateaux.	id.
Le Haut-Jura. — Les forêts.	178
Associations fromagères du Jura.	179
L'intérêt est en bas.	id.
Esquisse du paysage jurassien (par Louis de Ronchaud).	180
Pourquoi le paysan des régions frontières devrait être chose sacrée.	id.
Destinées de l'antique Franche-Comté.	181
Devises franc-comtoises	id.
Ce que la Nature a fait pour la fortune du pays.	182
Régime politique de la Franche-Comté au moyen âge. — Comment elle nous échappa.	183
Comment elle nous revint	184
Les serfs d'Église, affranchis en 1789	id.
Émigration du Jura	185
De l'esprit franc-comtois.	id.
Le règne des Francs-Comtois a commencé sous Philippe le Bon.	id.
Victor Hugo. Lamartine. Fourier. Proud'hon. J. Grévy. Pasteur.	id.
Les Francs-Comtois légistes et gens d'affaires : Armeniet. Raulin. De Goux. Rochefort. Carondelet. Ferry. Granvelle.	186
Caractère de tous ces Francs-Comtois.	id.
Importance du règne des Granvelle	187
Rouget de l'Isle et Goudimel étaient Francs-Comtois.	188

LA LORRAINE

Elle est située à la limite des deux races et des deux langues.	189
Guerres entre les ducs Lorrains et la France	190
Souffrances du paysan des *Marches*.	id.
Les princes Lorrains se retrouvent Français en présence des ennemis de la France. Leur héroïsme	191
Caractère des Lorrains	id.
Nulle province plus française	192
Portrait des Lorrains de Longwy.	id.
Pauvreté de la Lorraine comparée à l'Alsace.	193
Caractère de la Lorraine des Vosges.	id.
Jeanne d'Arc	id.
La Lorraine se trouvait pour toujours mariée à la France	id.
Physionomie guerrière de la maison de Lorraine.	194
Le destin de la maison de Bourgogne s'achève devant Nancy.	195
Où devrait être la colonne qui sert à marquer la place où tomba Charles le Téméraire	id.

SUITE DE LA LORRAINE — LES ÉVÊCHÉS DE TOUL, METZ ET VERDUN

Metz capitale du royaume d'Austrasie	196
D'Arnulf, évêque de Metz, est sorti la dynastie Carlovingienne.	id.
Metz, Toul, Verdun étaient un asile pour les proscrits.	197
Caractère de cette population flottante	id.
Metz affranchie des évêques et devenue République.	198
Elle eût voulu rester libre, un bouclier, entre les deux nations	199
Conquête des évêchés.	id.

L'ALSACE

Page écrite en 1833.	200
Pourquoi nous l'avons conservée.	id.
Il fallait bien se garder de briser le lien entre les deux peuples	201
Ce que fit la France au quinzième siècle pour restituer l'Alsace à l'Alsace.	202
Les villes du Rhin médiatrices. Leur littérature	203
Strasbourg. — Le Rhin à Strasbourg	id.
Comment l'Alsace s'est donnée à la France	204
Caractère héroïque et humain de l'Alsace	id.
Pourquoi l'Alsace devait nous rester.	205

LES ARDENNES

La Meuse, fleuve guerrier.	206
Liège et Dinant sont encore la France.	207
Pèlerinages entre la France et le pays Wallon	208
Les La Marck (*Sangliers* des Ardennes)	208
Héroïsme de Fleuranges	209
Description générale des Ardennes.	id.
Les légendes	210
Je me figure que telle était la France	211
Ce qu'on entend dans les bois à l'aube.	id.
Ce petit chant ce fut la vraie voix de la France.	id.
Les communaux	212
Curiosités de ce royaume d'Austrasie	id.
Les Ardennes appartiennent au bassin de la Meuse.	213
Portrait de l'Ardenais	214
Ce qu'il a souffert de la guerre	215
Sa richesse de cœur.	id.

LE LYONNAIS — SAINT-ÉTIENNE

Ce qu'abrite la rude et héroïque zone de l'Est.	216
Tout près du Dauphiné est née l'aimable Lyon	id.

TABLE DES MATIÈRES

Pages.

Cette pointe du Rhône et de la Saône semble avoir été toujours un lieu sacré 217
Là se trouve la première de nos antiquités nationales. 218
Lyon fut au moyen âge un asile pour les proscrits . id.
Mysticisme lyonnais 219
Pour comprendre Lyon il faut la regarder du haut de Fourvières. 220
La vie sédentaire a favorisé la fermentation intérieure. 221
Les Vaudois de Lyon. . . . . id.
Le Rhône et la Saône, sont les voies du genre humain . . . . id.
Rousseau à Lyon. 222
Pourquoi Lyon n'a pu s'étendre . . . . id.
Caractère âpre et austère de la Haute-Loire. . . . 223
La richesse sombre et platonique est en dessous. . . id.
C'est une grande douceur de revoir le paysage lyonnais 224

MORVAN — AUTUNOIS

Autun mère de Lyon, diversité de leurs destinées. . 225
Les grandes guerres des Gaules se décidèrent autour d'Autun. 226
Les deux maires du palais, Ebroïn et Léger. . . . . id.
Leur querelle se dénoue à Autun d'une façon tragique. 227
Description du pays et de la ville d'Autun . . . . . id.
Les Écoles romaines d'Autun célèbres dans l'ancienne Gaule. 228
De Vézelai, Théodore de Bèze. . . . . id.

LA BOURGOGNE

La route qu'il faut prendre pour connaître la vraie Bourgogne. 229

	Pages.
Les abbayes célèbres de la Bourgogne.	230
Quels sont les fruits humains qu'a donné ce pays. .	231
Les antiques habitants du sol, les Burgundes. . . .	id.
De charpentiers, les Burgundes se firent vignerons.	232
Paysages bourguignons	233
La féodalité en Bourgogne.	id.
Ce fut la faute de nos rois de créer une féodalité artificielle	234
Les ducs de Bourgogne amis des Anglais	id.
La province reste française.	235
Le mot du sire de l'Ile-Adam (Note).	id.
Le *roi* de *Bourges* l'a emporté sur le duc de Bourgogne.	id.
Il fallait quelque chose de plus sobre pour former le noyau de la France.	236

LA CHAMPAGNE

Tristesse et indigence de la Champagne.	237
Caractère ingrat des villes champenoises.	238
Le secours prêté à la monarchie par la Champagne.	239
L'égalité des partages anéantit de bonne heure les forces de la noblesse.	id.
Commerce roturier de la Champagne.	240
Transformation des chevaliers en boutiquiers. . . .	241
Les fabliaux champenois.	id.
L'histoire et la satire sont la vocation de la Champagne.	242
Le vin de Champagne, rien qu'un souffle, mais un souffle d'esprit.	243
La Fontaine.	id.

LA NORMANDIE

La France ne veut pas arriver tête basse en face de l'Angleterre.	244
Ressemblance et opposition des deux rivages. . . .	245

Pages.

La Bretagne est la résistance, la Normandie la conquête. 246
La grande et féconde idéalité est refusée aux Normands. .... id.
Caractère du Northman du neuvième et dixième siècle. 247
Les fondations ecclésiastiques normandes étaient des écoles. 248
Le héros de la race fut Robert l'*Avisé*. .... id.
La Normandie trop petite pour le Northman. ... 249
Il s'en va gaaignant par l'Europe. .... id.
Il s'affuble en pèlerin, mais bien armé. ...... id.
C'est un pèlerinage qui conduisit les Northmans en Italie. 250
La conquête de l'Angleterre fut une croisade. ... id.
Au quinzième siècle l'Angleterre, à son tour, fait la conquête de la France. 251
Siège de Rouen. .... id.
Le roi Charles VII chasse les Anglais de la Normandie et de l'Aquitaine. 252
Climat humide de la Normandie. .... id.
La Normandie commence à droite, dès Gisors, à gauche, à Louviers 253
Division des champs; c'est le *castrum* romain. ... id.
Les bois s'en vont, mais sans produire la nudité indigente. 254
La Révolution a fait passer la terre aux mains de celui qui la cultive. Long fermage équivaut à propriété. 255
Le nord-ouest de la France regarde la mer. ..... id.
Insuffisance de nos ports de la Manche. .... id.
Ici, les rapports de l'homme sont surtout avec l'Océan. La Nature fait sa besogne agricole. 256
La Manche, une grande école d'audace et d'héroïsme. id.
Pourquoi la France se désintéresse-t-elle de la mer? 257

	Pages.
Au moyen âge sa vie était sur les côtes.	257
La Nature adjuge la France à l'Océan.	id.
La physionomie de la France est celle d'un oiseau gigantesque qui pointe dans l'infini des mers (Note).	258

LA FLANDRE

Exubérance de vie de la Flandre.	259
Caractère froidement héroïque des Belges.	260
Ce sont au fond des hommes de paix.	261
Leur grande affaire est le commerce, l'industrie.	id.
Mœurs sensuelles, architecture riche, pleine, boursouflée.	262
Églises. Sculpture économique.	id.
Ce qu'est le carillon pour le tisserand des caves de Lille.	263
La Flandre du moyen âge regardait vers l'Angleterre.	264
Dispute des villes rivales, leur ruine.	265
La Flandre est la frontière des races et des langues.	id.
Nos victoires. Victoires de l'Angleterre.	266
Elle n'a pas vaincu seule à Waterloo.	id.
Grandeur incontestable de l'Angleterre.	id.
Combat homérique entre les races qui avaient cherché refuge dans cette île.	267
La guerre des guerres a été celle de la France et de l'Angleterre.	268
Service qu'elle a rendu à la France.	id.
La rivalité des deux nations a été leur vie même.	269
Le beau mot de M. de Maistre.	id.

LE BOURBONNAIS. — LE BERRI

La France a formé son unité sous l'influence des guerres anglaises.	270

	Pages.
Quel est le centre géométrique de la France.	270
Le fief central le Bourbonnais avait peu de cohésion.	271
D'où vint le péril	id.
Ce fief qui se composait de prises faites sur des traîtres fit des traîtres.	id.
Anne de Beaujeu le donne à Bourbon.	272
Il meurt sous les murs de Rome, la féodalité est tuée avec lui.	id.

L'ORLÉANAIS. — LA PICARDIE

Ceci est le centre d'attraction.	273
Il est marqué par des circonstances plus politiques que naturelles.	id.
Les fleuves n'ont pas été, au moyen âge, les voies du genre humain.	274
La Seine fait exception.	id.
Il faut la suivre jusqu'à Rouen.	275
Quelle est la première ceinture de Paris.	id.
Le vrai centre de la France déjà désigné au siècle de saint Louis.	276
Quelle était l'étendue de la France capétienne. . . .	id.
Orléans est la clef du Midi et du Nord.	277
L'histoire de l'antique France est entassée en Picardie	id.
Elle fut, pour nos rois, asile et prison.	278
La Picardie a commencé les révolutions communales.	279
Héroïsme des femmes picardes.	280
Cette province fut à la fois fortement féodale et démocratique.	id.
Les Picards : Saint-Simon, Calvin, Condorcet, Camille Desmoulins, Babeuf.	281
La Picardie, pour l'éloquence, vaut la Bourgogne.	id.
La plupart de nos grands artistes appartiennent au Nord (Note).	281

L'ILE-DE-FRANCE. — PARIS. — PATRIE

	Pages.
Le berceau de la France tient dans cette île si bien nommée.	284
Paris et l'Ile-de-France, résumé du pays	id.
Presque tous les Parisiens ont leurs origines en province.	285
Paris est un symbole complet de la nation.	id.
La France, dans son ensemble, est un vaste et puissant organisme.	286
Cet organisme, pris en longitude, est un système double comme le corps humain.	287
La beauté de l'*ensemble* est dans le secours que se prêtent les parties diverses qui le composent.	288
Il y a un point faible, la région intermédiaire.	id.
Elle devient grande par sa préoccupation de l'intérêt central.	289
Les extrémités sont moins françaises.	id.
Génie mixte des provinces frontières.	id.
La France semble inférieure en industrie aux pays qui l'entourent.	290
Sa beauté est dans sa centralisation puissante.	291
La personnalité nationale de la France se rapproche de la personnalité individuelle.	292
Cette unification de la France n'est pas un fruit de la conquête.	293
Des éléments dont la France s'est faite, pouvait résulter un tout autre mélange.	294
L'esprit général s'est formé par la vive sympathie des diverses parties de la France.	id.
En avançant vers les temps modernes, l'esprit a triomphé de la matière.	295
L'homme a élargi son horizon du village natal à la patrie.	id.
Gardons-nous de perdre cela.	296

	Pages.
Souvenons-nous que cette patrie a fait l'ouvrage du monde.	297
Il faut rester soi pour rester fort.	id.
Danger de l'imitation.	id.
Si on comparait les sacrifices des nations entre elles, jusqu'où iraient les sacrifices de la France	298
Elle a donné sans compter.	id.
Son histoire est celle de l'humanité.	299

FIN DE LA TABLE

ŒUVRES DE J. MICHELET

HISTOIRE DE FRANCE

19 beaux vol. in-18, à 3 fr. 50 le volume

(Chaque volume se vend séparément)

Cartonnage à l'anglaise............. 50 centimes en sus.

DIVISION DE L'OUVRAGE

Tomes		Tomes	
I à VIII	Moyen âge.	XIII	Henri IV et Richelieu.
IX	La Renaissance.	XIV	Richelieu et la Fronde.
X	La Réforme.	XV et XVI	Louis XIV.
XI	Les Guerres de religion.	XVII	La Régence.
XII	La Ligue et Henri IV.	XVIII et XIX	Louis XV et Louis XVI.

HISTOIRE DE LA RÉVOLUTION
Par J. MICHELET

9 volumes in-18. — 3 fr. 50 le volume.

Cartonnage à l'anglaise....... 50 centimes en sus.

HISTOIRE DU DIX-NEUVIÈME SIÈCLE

Origine des Bonaparte. 1 vol. in-18............ 3 fr. 50
Jusqu'au Dix-huit Brumaire. 1 vol. in-18....... 3 fr. 50
Jusqu'à Waterloo. 1 vol. in-18................ 3 fr. 50

ABRÉGÉS D'HISTOIRE DE FRANCE

Moyen âge. 1 vol. in-18 avec cartes........... 4 fr. »
Temps modernes. 1 fort vol. in-18 avec cartes.. 4 fr. »
Précis de la Révolution française. 1 fort vol. in-18
avec cartes (Dixième mille)................. 4 fr. »

(Cet Ouvrage a été honoré de Souscriptions au Ministère de l'Instruction publique et à la Ville de Paris.)

Cartonnage à l'anglaise.. 50 centimes en sus.

DU MÊME AUTEUR :

La Sorcière. 1 vol. in-18..................... 3 fr. 50
La Montagne. 1 vol. in-18.................... 3 fr. 50
Nos Fils. 1 vol. in-18....................... 3 fr. 50
Ma Jeunesse. 1 vol. in-18.................... 3 fr. 50
Un Hiver en Italie. 1 vol. in-18............. 3 fr. 50

PARIS. — IMP. C. MARPON ET E. FLAMMARION, RUE RACINE, 26.

www.ingramcontent.com/pod-product-compliance
Lightning Source LLC
Chambersburg PA
CBHW060505170426
43199CB00011B/1338